SICHERAUFDEM
GRIFFBRETT

Werde *Kreativ* auf der E-Gitarre

JOSEPH**ALEXANDER**

FUNDAMENTAL**CHANGES**

Sicher auf dem Griffbrett für Gitarre

Herausgegeben von **www.fundamental-changes.com**

ISBN: 978-1911267416

Published by **www.fundamental-changes.com**

www.fundamental-changes.com

Vielen Dank an Pete Sklaroff, der die Audiodateien für dieses Buch aufgenommen hat.

Danke an Quist für die tollen Backing Tracks zu diesem Buch.

Titelbild Copyright: _EG_

Inhalt

Einleitung

In diesem Buch geht es darum, das Griffbrett beherrschen zu lernen und gleichzeitig die wichtigsten Muster und Improvisationsansätze der modernen Musik in dein Repertoire aufzunehmen. Sicher auf dem Griffbrett wird dir das Griffbrett der Gitarre erschließen und jede wichtige Tonleiter vermitteln, egal, welche Art von Musik du spielst

Dieses Buch ist in zwei Teile aufgeteilt. Im ersten Teil beschäftigen wir uns mit Methoden, mit denen wir als Gitarristen Melodien erfinden können und arbeiten gleichzeitig an unserer Geläufigkeit und Technik auf der Gitarre. Du wirst sequenzielle Muster (Patterns), Intervallsprünge, Dreiklänge und Arpeggios lernen, die deine Skalen zu praktisch anwendbaren Melodiewerkzeugen machen. Dieser Abschnitt wird einerseits deine Technik sehr entwickeln und andererseits deine Kreativität und dein Gehör verbessern, weil jede Übung dir letztendlich melodisches Vokabular vermittelt, das dir große kreative Freiheit geben wird.

Als Musiker haben wir oft das Problem, dass unsere Finger den Ton angeben und nicht unser Kopf. Muster oder Licks, die wir auswendig können, kommen oft einfach so raus, ohne dass wir sie wirklich bewusst spielen wollen. Wie oft hast du schon gedacht: „Verdammt! Jetzt hab' ich denselben Lick schon wieder gespielt!"?

Teil 1 dieses Buches wird dir nicht nur neue Melodien zur Verfügung stellen; er wird dir auch dabei helfen, diese Ideen in verschiedenen musikalischen Situationen anzuwenden. Dadurch wirst du aus deinen Improvisationsgewohnheiten ausbrechen können und dein Griffbrett richtig gut kennenlernen. Außerdem erarbeitest du dir eine ausgezeichnete Technik und wirst in der Lage sein, deine Gitarre bewusst und kreativ zu beherrschen.

In Teil 1 wirst du viele wichtige Möglichkeiten kennenlernen, wie du mit Tonleitern kreativ werden kannst und diese Ansätze auf die wichtigsten Tonleiterformen für Gitarristen übertragen. Wir werden jeweils alle fünf Formen der Durskala, Pentatonik, sowie der melodischen und harmonischen Mollskalen behandeln, so dass du jedes Muster, das dir begegnen kann, in den Finger haben wirst.

Außerdem wirst du praktische und konzentrierte Übeprogramme kennenlernen, die dir helfen, deine Zeit effektiv zu nutzen und dir auch einige wichtige psychologische Tricks zeigen, damit du eine positive Einstellung entwickelst und dich gut konzentrieren kannst.

Teil 1 enthält vor allem viel melodisches Material für die Gitarre. Das kannst du natürlich nutzen, um eine Hammer-Technik zu entwickeln, aber dir wird auffallen, dass der Schwerpunkt dieses Buches darauf liegt, dein Gehör, deine musikalischen Fähigkeiten und deine individuelle Stimme auf der Gitarre zu entwickeln.

In Teil 2 von Sicher auf dem Griffbrett, wirst du das Gitarrengriffbrett sehr genau kennenlernen. Ziel ist es, *jede* wichtige Skala zu lernen und in *jeder* Tonart und *jeder* Position auf der Gitarre spielen zu können.

Das hört sich vielleicht nach einem unerreichbaren Ziel an, und es wird einige Zeit dauern, bis du das kannst, aber wenn du es einmal kannst, werden dich diese Fähigkeiten dein ganzes Leben lang begleiten.

Es gibt in der Musik viele Skalen, aber in 99% der Zeit verwenden moderne Musiker nur sechzehn verschiedene Skalen zum Improvisieren. Rock- und Bluesgitarristen verwenden grundsätzlich einige wenige andere Skalen und Jazzfusionspieler verwenden einige mehr.

Diese häufig verwendeten Skalen sind

- Die sieben Modi der Durskala

- Pentatonikskalen in Dur und Moll

- Harmonisch Moll und ein zugehöriger Modus

- Melodisch Moll und zwei zugehörige Modi

- Die Halbton- und Ganztonskala

Einige dieser Skalen werden häufiger verwendet, als andere. Wir legen die Priorität auf die Wichtigsten, so dass du schnell zum Musik machen kommst.

Wenn du nicht weißt, was ein Modus ist, oder du noch nie von der melodischen Mollskala gehört hast, mach' dir keine Sorgen. In jedem Abschnitt gibt es einen kurzen Infokasten zur Theorie und jede Menge Gelegenheit jede Skala praktisch anzuwenden. Aber wenn dir diese Konzepte wirklich vollkommen neu sind, möchte ich dir empfehlen, das Buch **Moderne Theorie** für E-Gitarre jeweils parallel zum Abschnitt über die neue Skala zu lesen.

Teil 2 beginnt mit Methoden, mit denen man die Töne auf dem Griffbrett schnell auswendig lernen kann, indem man Formen und Muster zu Hilfe nimmt. Auf der Gitarre spielt sich das Tonleitern Üben zunächst oft als Fingersatz-Form ab, die man auswendig lernt. Es ist aber sehr wichtig zu wissen, wo der Grundton der gewünschten Tonart auf dem Griffbrett zu finden ist.

Denn dann können wir *jede* Tonleiter in *jeder* Tonart überall auf dem Griffbrett lernen. Diese Methode basiert auf dem CAGED-System, in der die fünf Tonleiterformen, die du in Teil 1 lernst, mit sogenannten *Anker-Akkorden* verbunden werden.

Dadurch, dass Modi jeweils von einer einzigen Quellskala abgeleitet werden, ist es möglich, auf jeden Modus sofort zuzugreifen, indem wir uns die Quellskala um einen anderen Anker-Akkord herum vorstellen. Wenn wir den Modus nun in eine andere Tonart verschieben möchten, müssen wir lediglich den Anker-Akkord auf einem anderen Grundton bilden.

Wenn wir uns mit diesen einfachen Anker-Akkorden beschäftigen und in ein paar verschiedenen Tonarten arbeiten, erschließt sich uns das Griffbrett sehr schnell. Das hört sich jetzt vielleicht etwas komplex an, aber ich kann dir versichern, dass es eigentlich ganz einfach ist.

Wie oben schon erwähnt, enthält das Buch praktische und effektive Übeprogramme, mit denen du jede Skala und jede Tonart schnell meistern wirst.

In Teil 2 wirst du die wichtigsten Tonleitern zuerst lernen, so dass du sie bald praktisch anwenden kannst. Und bevor du dich auf die etwas komplizierteren Skalen stürzt, frage dich, wie wichtig sie für die Musikrichtung sind, die du spielen möchtest. Vielleicht ist es besser, wenn du mit den häufig gebrauchten Skalen und Mustern aus dem vorderen Teil des Buches richtig kreativ wirst.

Ich möchte dich auf keinen Fall davon abhalten, die Skalen aus dem hinteren Teil des Buches zu lernen (ich habe sie nicht ohne Grund hier aufgeführt!), aber wir haben alle nicht unendlich Zeit. Du solltest deine Prioritäten auf Skalen legen, die dich zu der Musik führen, die du spielen möchtest.

Du musst das Buch nicht in der vorgegebenen Reihenfolge von vorne bis hinten durcharbeiten. Tatsächlich würde ich dir empfehlen, Teil 1 und 2 von vornherein zu kombinieren. Du wirst sehr effektiv üben, wenn du melodische Sequenzen und Muster auf die Skalen und Positionen aus Teil 2 anwendest.

Im Verlauf des Buches findest du Vorschläge zum Üben und alle Muster und Skalen, die ich für besonders wichtig halte, sind mit einem * markiert.

In diesem Buch geht es darum, deine Hände so zu trainieren, dass sie die musikalischen Ideen in deinem Kopf umsetzen können. Deshalb solltest du unbedingt die Audiobeispiele anhören.

Du kannst sie hier kostenlos herunterladen:
www.fundamental-changes.com/download-audio

Hol' dir die Audio-Dateien

Die Audio-Dateien für dieses Buch sind als kostenloser Download auf **www.fundamental-changes.com** mit dem Link in der oberen rechten Ecke erhältlich. Wähle einfach diesen Buchtitel aus dem Menü und befolge die Download-Anleitung.

Wir empfehlen, dass du zunächst die Dateien auf deinen Computer, nicht auf dein Tablet herunterlädst und sie sie dann in deine Media-Bibliothek extrahierst. Danach kannst du sie auf dein Tablet oder deinen iPod laden oder eine CD brennen. Auf der Download-Seite findest du auch ein hilfreiches PDF. Wir bieten auch technischen Support über das Formular auf der Download-Seite.

Kindle / eReaders

Um dieses Buch optimal zu nutzen, denke daran, dass du jedes Bild mit einem Doppel-Tap größer machen kannst. Schalte die „Spaltenansicht" aus und halte dein Kindle im Querformat.

Für über 200 Kostenlose Unterrichtseinheiten für Gitarre mit Videos gehe zu:

www.fundamental-changes.com

Twitter: **@guitar_joseph**

Facebook: **FundamentalChangesInGuitar**

Instagram: **FundamentalChanges**

Teil 1: Sequenzen, Intervalle, Dreiklänge und Arpeggios

Einführung zu Teil 1

Meistens besteht Popmusik *nicht* aus Mustern, Sequenzen und Reihen von Intervallsprüngen. Diese Elemente kommen oft in Heavy Rock oder „Shred"-Gitarrensolos vor. Aber auch dann bauen sie nur kurz Spannung auf. Wenn alle Solos einfach aus Sequenzen von Melodiemustern bestehen würden, wären sie bald ziemlich langweilig.

Ich möchte hier nicht in die uralte (und sinnlose) Diskussion über „Technik vs. Musikalität" einsteigen. Meiner *Meinung* nach werden Solos oft als „seelenlos" beschrieben, wenn sie vor allem Muster enthalten, die Gitarristen als Technik-Übungen spielen.

Wenn ein Gitarrensolo „ausdrucksstark" genannt wird, oder ein Gitarrist „musikalisch spielt", glaube ich, dass ganz ähnliche Muster geübt wurden. Allerdings war das Ziel beim Üben, den freien Ausdruck auf dem Griffbrett und in der Musik im Allgemeinen zu fördern und nicht nur Geschwindigkeit und Technik zu verbessern.

Geschwindigkeit ist ein Maßstab, der irgendwie Praxisbezug hat. Wenn wir das Metronom schneller stellen und ein Muster richtig spielen, haben wir auf ganz einfache Weise messbare Fortschritte gemacht und können uns deshalb gut fühlen. Unglücklicherweise hat exzessives Üben einer Übung den Nachteil, dass wir unseren Händen beibringen nur diese Übung zu spielen. Oft bezahlen wir die Verbesserung der Technik mit einer Limitierung unserer Kreativität. Aber eigentlich soll ein Gitarrensolo der Musik etwas Neues hinzufügen und den Song entwickeln. Wie können wir etwas Neues in ein Musikstück bringen, wenn unsere Hände in ein oder zwei bestimmte Mustern „festgefahren" sind?

Die Lösung zu diesem Problem liegt darin, dass wir technische Übungen auf kreative und musikalische Art üben müssen und dass wir erkennen, dass das Ziel von Üben ist, neue melodische Möglichkeiten zu finden und zu hören.

Aber warum ist es so wichtig, sequenzielle und „eckige" Muster zu üben, wenn die meisten Formen der Popmusik gar nicht aus ihnen aufgebaut sind? Ich glaube, es gibt dafür einige gute Gründe.

- Sicherheit und Geläufigkeit

Wenn wir Skalen in melodischen Patterns, Intervallsprüngen und Arpeggios üben, gewinnen wir große Sicherheit und lernen, wo die Tonleitertöne auf dem Griffbrett liegen. Diese Sicherheit überträgt sich auch auf unsere Improvisationen und wir können mit Überzeugung und Feeling spielen.

- Gehörbildung

Wenn wir verschiedene melodische Strukturen durcharbeiten, hören und verinnerlichen wir Melodien, die uns vorher nicht bewusst waren. Unser Gehör wird sich nur an viele verschiedene Klänge erinnern, wenn wir uns dazu überwinden, verschiedene Dinge zu üben. Sobald wir improvisieren oder komponieren, steht uns ein umfangreiches Vokabular aus Melodien zur Verfügung, das wir zu interessanten Solos verarbeiten können. Wenn wir diese Ideen außerdem in einem kreativen Umfeld (mit Backing-Tracks oder einer Band, statt nur mit einem Metronom) üben, lernen wir, wie eine bestimmte Skala die Stimmung der Musik beeinflusst.

- Kreative Spontanität

Wenn wir uns unserer Skalen sicher sind und viele Melodien gelernt haben, sind wir uns wahrscheinlich sicher genug auch mal spontan etwas neues zu spielen. Nimm dich beim Spielen auf und hör' dir die Aufnahme 24

Stunden später nochmal an. Eine Idee, die du spontan improvisiert hast, könnte das Samenkorn für einen neuen Song oder Lick sein.

- Technik

Unsere Technik enorm davon profitiert zweifellos enorm davon, Patterns, Intervalle, Dreiklänge und Arpeggios zu üben. Ein Metronom oder eine Drum Machine hilft uns dabei, eine Übung schrittweise schneller spielen zu können. Und das ist ein wichtiger Faktor, wenn wir ein Pattern wirklich verinnerlichen wollen. Die Schwierigkeit bei der Sache besteht darin, zu wissen, wann man aufhören muss Technik zu üben und wann man anfangen muss die Übung musikalisch zu üben. Bei den Übeprogrammen in diesem Abschnitt sind verschiedene Geschwindigkeiten vorgeschlagen. Das Tempo hängt aber immer auch von deinem Geschmack und deinem Stil ab. Deshalb werden die Tempi sicher variieren. Technik ist ein Mittel zum Zweck, damit du die Musik in deinem Kopf flüssig, selbstbewusst und gut spielen kannst. Geschwindigkeit kann ein Teil davon sein, aber sie ist nicht das einzige Übeziel.

Tonleitern mit Drei Noten pro Saite vs. CAGED-Tonleiterformen

Die meisten Skalen enthalten sieben verschiedene Töne und die Töne befinden sich auf ganz bestimmten Positionen auf dem Griffbrett. Man kann jeden Ton sowohl in verschiedenen Positionen, als auch in verschiedenen Oktaven spielen. Das hat zur Folge, dass du mit nur einer Skala das ganze Griffbrett abdecken kannst.

Die sieben Töne von C-Dur (C D E F G A B) befinden sich beispielsweise hier:

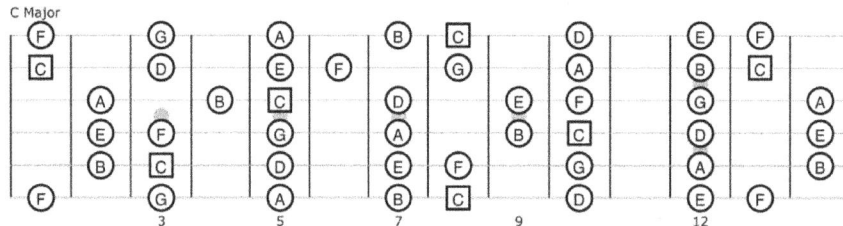

Wenn wir diese vielen Informationen wirklich musikalisch umsetzen wollen, müssen wir sie in kleine Häppchen aufteilen; und die Meinungen, wie man das am besten macht, gehen ziemlich auseinander.

Einige Spieler teilen die Quellskala in Abschnitte von je drei Tönen auf jeder Saite auf und würden die Töne zwischen dem V. und dem IX. Bund so verteilen:

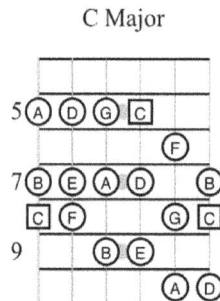

Andere Spiele würden diesen Tonbereich anders aufteilen, damit sie sich nicht so weit vom ersten Ton der Griffform entfernen. Beachte beim folgenden Griffbild, dass der IV. Bund mitverwendet wird und dass der höchste Ton jetzt ein C ist. Im letzten Griffbild war der höchste Ton ein D.

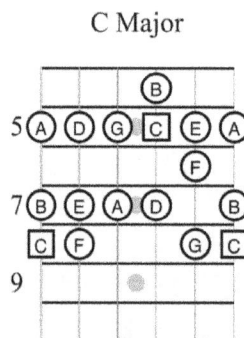

Die kleinen Formen werden normalerweise als CAGED-Formen bezeichnet, weil man sich oft vorstellt, dass sie um die entsprechenden Akkorde der I. Lage gebildet werden. Du hast diese Akkorde sicher mal gelernt. Die Akkorde sind C, A, G, E und D. Die Skala oben wurde um die Griffform von G-Dur herum gebaut:

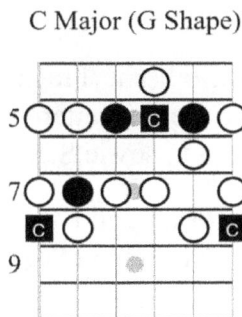

C Major (G Shape)

Wenn man Skalen mit drei Tönen pro Saite spielt, kann man schneller spielen, weil sie sehr gleichförmig sind. Allerdings passiert es leicht, dass man in diesen festen Tonleiterläufen und Patterns stecken bleibt. Viele Melodien werden außerdem in Dreiergruppen phrasiert, weil das der Tonleiterform entgegenkommt und es wird schwieriger, Melodien aus Sechzehntel- oder Achtelnoten gleichmäßig zu spielen.

Man kann CAGED-Formen ziemlich leicht um den Akkord herum visualisieren. Das macht es einfacher, Zieltöne und Akkordtöne zu finden. Normalerweise liegen sie bequem in den Fingern und man muss keinen Lagenwechsel machen, um sie zu spielen. Auch große Intervallsprünge sind oft einfacher zu spielen, weil die CAGED-Formen einen relativ kleinen Tonumfang haben und gleichmäßige Notengruppen können leichter kontrolliert werden. Andererseits ist der Wechsel zwischen Gruppierungen mit zwei Tönen pro Saite zu Gruppierungen mit drei Tönen pro Saite nicht so gut zu kontrollieren, wodurch diese Formen oft nicht sehr schnell gespielt werden können.

Ein Hauptunterschied ist, dass du sieben Formen mit drei Tönen pro Saite brauchst, um das ganze Griffbrett abzudecken (was gegenläufig zur deiner natürlich Intuition ist). Im CAGED-System brauchst du nur *fünf* Formen für das ganze Griffbrett.

Ich persönlich neige zu Tonleitern mit gemischten Gruppierungen (CAGED), weil ich mehr Jazz und Blues spiele. Aber als ich jünger war und mehr technischen Rock gespielt habe, war ich stark auf die Formen mit drei Tönen pro Saite angewiesen.

Dieses Buch konzentriert sich auf das CAGED-System, weil ich glaube, dass die vielen Vorteile die wenigen Herausforderungen aufwiegen. Diese Skalen passen perfekt in das CAGED-System und das ermöglicht dir sehr organisierte und geordnete Improvisationsansätze. Ich habe allerdings auch Griffbilder mit drei Tönen pro Saite für die Modi der Durskala, sowie für die melodischen und harmonischen Moll-Modi in Anhang A angefügt.

Du kannst die Improvisationsansätze aus Teil 1 auf jede Skalenform übertragen. Wenn du also findest, dass diese Tonleitern deinem Musikstil mehr entgegenkommen, verwende sie. Sie können sehr praktisch sein.

Kapitel 1: Melodische Sequenzen

In diesem Kapitel sehen wir uns die wichtigen Tonleiter-Patterns an, die deine Geläufigkeit verbessern und dein melodisches Vokabular auf der Gitarre erweitern werden. Zunächst beschäftigen wir uns mit diesen Sequenzen in der I. Lage der Durskala. Später werden wir sie auf andere Durskalen und verschiedene Arten von Skalen anwenden.

Sequenzen sind kurze, sich wiederholende melodische Fragmente, die sich schrittweise aufsteigend oder absteigend entlang einer Skala bewegen. Mit diesen Patterns lernen wir neue melodische Möglichkeiten kennen und verbessern gleichzeitig unsere Technik, sowie Sicherheit und Geläufigkeit beim Spielen.

Jedes Pattern wird um die folgenden Tonleiterform gebildet. Sei dir sicher, dass du sie fließend aufsteigend und absteigend spielen kannst, bevor du die verschiedenen Sequenzen in diesem Kapitel angehst.

Bei jedem Griffbild in diesem Buch wird der Grundton der Skala als Quadrat dargestellt.

C Major Shape 1

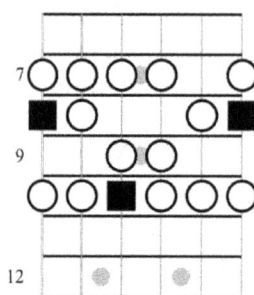

Auf Seite 14 findest du einen kurzen Übeplan, den du befolgen solltest, während du die Sequenzen in diesem Kapitel lernst. Wenn du die Sequenzen einmal kannst, solltest du das Programm in weniger als fünf Minuten jeden Tag abspulen können.

Du musst *nicht* jede Übung perfekt können, bevor du zur nächsten weitergehst. Stelle einen Timer, der alle 30 Sekunden klingelt und gehe dann nur nächsten Übung weiter, auch wenn du die aktuelle Übung noch nicht zu deiner Zufriedenheit kannst.

Mit diesem Zugang kommst du täglich mit soviel Material wie möglich in Kontakt und das soll dir *gesunde* Übegewohnheiten vermitteln.

Gesunde Übegewohnheiten

Stell' dir vor, ich würde dir sagen, dass du dir das schwierigste Pattern aussuchen und nur das üben sollst, bis du es perfekt in einem schnellen Tempo kannst. Vielleicht wird es einige Tage dauern, bis du es überhaupt spielen kannst und dann ist es wahrscheinlich immer noch ein bisschen wackelig. Jetzt hast du vielleicht drei Tage darauf verwendet, nur dieses eine Pattern zu üben und fühlst dich wahrscheinlich nicht einmal sicher genug, um das Pattern beim Improvisieren zu verwenden. Aber vor allem hast du viele Gelegenheiten versäumt andere praktisch anwendbare Patterns zu lernen, die dir mehr nützen und noch dazu einfacher musikalisch zu spielen sind.

Nur weil ein Pattern schwerer ist, heißt das nicht, dass es für die Qualität deiner Musik bedeutender sein muss. Tatsächlich ist es eher so, dass ein sehr schwieriges Pattern, für das du lange brauchst, bis du es gut spielen kannst, deine Finger so trainiert hat, dass sie auf dieses Pattern fixiert werden und du jetzt nur noch das ein Pattern spielen kannst. Wenn du etwas sehr schwer findest, ist es vielleicht noch nicht an der Zeit für dich, das zu lernen. Vielleicht muss sich deine Technik erst verbessern, oder du kennst die Skala noch nicht gut genug. Wenn das der Fall ist, werden dich einfachere Pattern, die du tatsächlich anwenden kannst, optimal auf die schwierigeren Elemente vorbereiten und dir helfen, dich mit dem Skalapattern vertraut zu machen.

Wenn du zunächst einfachere Sachen übst, wirst du schneller Fortschritte feststellen und diese mit einem positiven Gefühl verbinden. Es ist wichtig, so wenig negative Gefühle auf deiner Gitarre zu entwickeln, wie möglich.

Wenn du das gesamte Programm durchgespielt hast, hör' auf und mach eine Pause. Gehe dann zu einer Übung weiter, die eine der Sequenzen kreativ verarbeitet. Diese Übungen findest du in Kapitel 5.

Höre immer auf, wenn der Timer klingelt. Auch das fördert positive Gefühle, wenn du spielst.

Wenn du nach dem Timer noch weiterüben willst, liegt das wahrscheinlich entweder daran, dass es grade richtig gut läuft, oder du frustriert bist.

Wenn deine Übepraxis gut läuft und du nach dem Timer weiterspielst, kommst du unweigerlich irgendwann an einen Frustrationspunkt und du legst dann die Gitarre weg. Das heißt, dass du in einem negativen emotionalen Zustand warst, als du aufgehört hast zu üben, wodurch du mit dem Üben an sich negative Gefühle verbindest. Hör' auf, solange du dich gut fühlst und du wirst immer wieder begeistert zum Üben zurückkommen.

Wir haben alle Tage, an denen das Üben nicht gut läuft und wir frustriert sind. Der Trick ist, sich gut zu beobachten und herauszufinden was die größte Herausforderung darstellt. Arbeite weiter bis zum Timer-Alarm, weil es schon allein ein Erfolg ist, an etwas dranzubleiben, das schwer ist. Schreibe nach dem Üben auf, was besonders schwer war und mach' eine Pause.

Wenn du nach dem Timer weitermachst, wirst du dich mental erschöpfen und nichts anderes mehr für den Rest des Tages tun können. Und wenn es dann wieder Zeit zu Üben wird, wirst du dich an diese negativen Gefühle erinnern und die Gitarre gar nicht erst in die Hand nehmen.

Wenn du mit dem Timer-Alarm aufhörst, behältst du die Kontrolle über die Aufgabe und die Situation. Das nächste Mal kannst du die Gitarre nehmen, in dem Wissen, dass du der Chef bist. Es ist ok, wenn etwas schwierig ist. Aber Fortschritte kann man nicht erzwingen. Du kannst nur die Kontrolle über deine Übepraxis behalten.

Halte dich an den folgenden Plan und gehe weiter, wenn dein Timer klingelt.

In diesem Kapitel findest du elf Sequenzen, die entlang verschiedener Tonleitern aufwärts und abwärts gespielt werden. Die folgende Tabelle wird dir dabei helfen, deine Übezeit zu organisieren.

Lerne in den ersten Tagen alle Muster in der ersten Lage der Durskala, aber übertrage die Muster an anderen Tagen auf alle fünf Formen, die auf Seite 15 gezeigt werden.

Pattern	Tag 1	Tag 2	Tag 3	Tag 4	Tag 5	Tag 6	Tag 7
A*	♫@60	♫@80	♫@100	♬@50	♬@75	♬@90	♬@100
B*	♫@60	♫@80	♫@100	♬@50	♬@75	♬@90	♬@100
C	♫@60	♫@80	♫@100	♬@50	♬@75	♬@90	♬@100
D*	♫@60	♫@80	♫@100	♬@50	♬@75	♬@90	♬@100
E	♫@60	♫@80	♫@100	♬@50	♬@75	♬@90	♬@100
F*	♫@60	♫@80	³♪@100	♬@50	♬@75	♬@90	♬@100
G*	³♪@60	³♪@80	³♪@100	⁶♬@50	⁶♬@60	⁶♬@70	⁶♬@80
H*	³♪@60	³♪@80	³♪@100	⁶♬@50	⁶♬@60	⁶♬@70	⁶♬@80
I*	³♪@60	³♪@80	³♪@100	⁶♬@50	⁶♬@60	⁶♬@70	⁶♬@80
J	³♪@60	³♪@80	³♪@100	⁶♬@50	⁶♬@60	⁶♬@70	⁶♬@80
K	³♪@60	³♪@80	³♪@100	⁶♬@50	⁶♬@60	⁶♬@70	⁶♬@80

* = Priorität

Das sieht womöglich nach einer sehr langwierigen Aufgabe aus. Aber du wirst immer besser werden und jedes Beispiel wird letzlich nur einige Sekunden dauern. Schließlich wirst du jedes Beispiel in diesem Kapitel aufwärts und abwärts in unter vier Minuten spielen können, wenn du Sechzehntelnoten auf Tempo 90 spielst. Auf Seite 16 findest du mehr Tipps, wie du schneller werden kannst.

Mach' dir keine Sorgen, wenn du nicht jeden Tag das angegebene Tempo erreichst. Diese Techniken brauchen Zeit, um sich zu entwickeln. Behalte das Tempo für jede Übung im Auge und fange jeden Tag ein paar Schläge unter diesem Tempo an. Konzentriere dich auf die Übungen die mit Sternchen (*) gekennzeichnet sind. Sie sind die Wichtigsten.

In der folgenden Sequenz werden nur die ersten beiden Takte jedes aufsteigenden und absteigenden Patterns gezeigt. Wenn jede Sequenz vollständig ausnotiert wäre, hätte dieses Buch die Größe eines Kleinbusses!

Zwei Takte genügen, um das Pattern gut hören zu können. Außerdem wirst du noch schneller lernen, dich auf dem Griffbrett zurecht zu finden, wenn du deine Ohren und Augen dazu benutzt, die Sequenz durch die restlichen Tonleiterformen weiterzuführen. Das ist die perfekte Gelegenheit das Tonleiterpattern auswendig zu lernen.

\Die folgende Übung kannst du über jeder Akkordsequenz in der Tonart C spielen. Du kannst zum Üben den Backing-Track Nr. 1 verwenden.

Beispiel 1a: *

A

etc...   etc...

```
T--------------------------------------------10-8-7---8-7-------------7-----------------
A--------------7--8-----7-8-10----7-8-10----------10------10-8-----10-8----10-8---------
B----8-10----7--8----10---------7------8-10--7-9----------------10----------10----10-9--
   8-10        10
```

Beispiel 1b: *

B

etc...   etc...

```
T--------------------------------------------------10-8-7-10-8-7----8----7-----7----------
A--------------7--------7-8------7-8-10-7-8-10-----7----10--------10-8----10-8-----10-----
B----8-10----8-10----10----------------------8----------------------------------10--------
```

Beispiel 1c:

C

etc...   etc...

```
T--------------------------------------------------8-7-10-8-7----8-7-----7----------------
A-----------------------7----------7-8----7-8-10-7-8-----10----10-8----10-8----10-8-------
B----8-10-7-8-10----8-10----7-8----10----------------------------------------10-----------
```

15

Beispiel 1d: *

Beispiel 1e:

Beispiel 1f: *

Beispiel 1g: *

Beispiel 1h: *

Beispiel 1i: *

Beispiel 1j:

Beispiel 1k:

Wenn du das Gefühl hast, dass du ein oder zwei Pattern gemeistert hast, blättere zu Kapitel 5 nach vorn und verbinde die Patterns mit Übungen, die deine musikalische Kreativität ansprechen.

Im nächsten, sehr wichtigen Schritt wendest du diese Patterns auf die anderen vier Tonleiterformen von C-Dur an und wirst dadurch die gleiche Geläufigkeit in allen Positionen entwickeln. Sie sind unten notiert.

In Teil 2 lernst du, wie du diese fünf Formen für jeden Durmodus verwenden kannst. Wenn du dich jetzt also richtig gut mit der Skala vertraut machst und sie flüssig spielen kannst, wird dir das später zugutekommen. Es gibt sieben Modi der Durskala, die mit diesen Formen gespielt werden können. Alles was du beim Üben hier lernen wirst, kannst du also mal sieben nehmen und zu Modi der Durskala umfunktionierst.

Mit der ersten Form, die wir besprochen haben, können die fünf Formen der Durskala (auch Durmodus) folgendermaßen gespielt werden:

C Major Shape 1 C Major Shape 2 C Major Shape 3 C Major Shape 4 C Major Shape 5

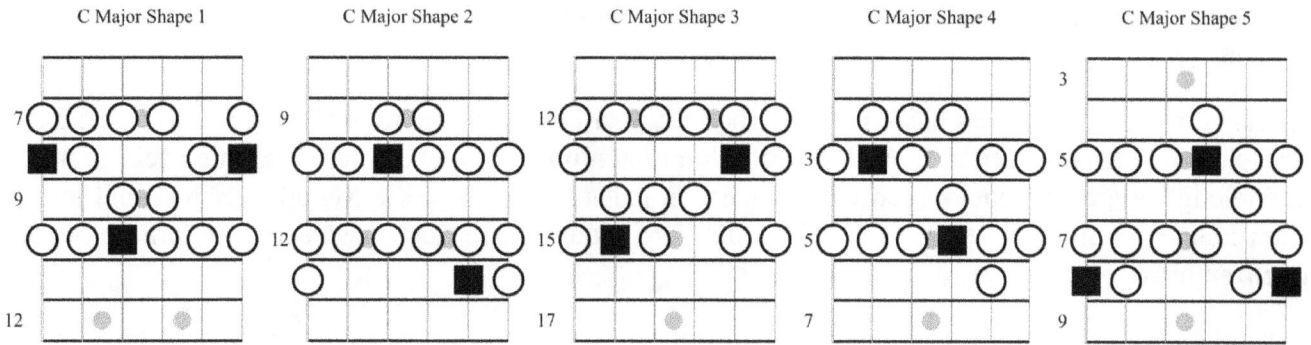

Das folgende Beispiel zeigt dir, wie du ein Pattern auf eine andere Form überträgst.

Hier ist die Melodiesequenz aus Beispiel 1a:

Du kennst dieses Pattern wahrscheinlich schon als Form 1. Es sollte also nicht zu schwierig sein, diese Idee auf die zweite Form zu übertragen. Wenn du lieber die Noten im oberen Teil des Notensystems liest, schau' trotzdem kurz auf die Tabulatur, damit du siehst, wo diese Sequenz auf dem Griffbrett gespielt wird.

Das Pattern aus Beispiel 1a wird so als Form 2 gespielt:

Beispiel 1l:

Übe alle anderen Formen auf die gleiche Weise.

Es gibt ein paar verschiedene Möglichkeiten, wie du deine Übepraxis an dieser Stelle organisieren kannst. Ich würde dir raten, erst einmal eine Sequenz in allen fünf Formen zu üben, bevor du zur nächsten Sequenz weitergehst. Das finde ich effektiver, als alle Sequenzen in einer Form zu üben und dann zur nächsten Form zu gehen.

Vielleicht denkst du jetzt, dass das sehr viel Arbeit ist, aber es ist einfacher, als du meinst. Wenn du dich auf eine Melodiesequenz konzentrierst und sie auf alle Formen überträgst, werden deine Ohren sehr schnell mit dem Melodieverlauf vertraut werden und du wirst in jeder neuen Form die Melodie leichter und intuitiver spielen können. Natürlich ist es wichtig jede der fünf Skalaformen auch auswendig zu lernen, bevor die Sequenzen überträgst.

In der folgenden Tabelle findest Anregungen, wie du jede Skalaform und jedes Muster organisieren und üben kannst.

Pattern	Tag 1	Tag 2	Tag 3	Tag 4	Tag 5	Tag 6	Tag 7
A	Alle Formen	x (Pause)	Alle Formen	x	Alle Formen	x	Alle Formen
H	Alle Formen	x	Alle Formen	x	Alle Formen	x	Alle Formen
C	Alle Formen	x	Alle Formen	x	Alle Formen	x	Alle Formen
D	x	Alle Formen	x	Alle Formen	Alle Formen	x	Alle Formen
E	x	Alle Formen	x	Alle Formen	Alle Formen	x	Alle Formen
F	x	Alle Formen	x	Alle Formen	Alle Formen	x	Alle Formen
G	x	x	Alle Formen	x	x	Alle Formen	Alle Formen
H	x	x	Alle Formen	x	x	Alle Formen	Alle Formen
I	x	x	Alle Formen	x	x	Alle Formen	Alle Formen
J	x	x	x	Alle Formen	x	Alle Formen	Alle Formen
K	x	x	x	Alle Formen	x	Alle Formen	Alle Formen

Verwende diese Patterns auch in deinen Improvisationen. Natürlich ist es wichtig, viel über Skalen zu wissen und sie flüssig spielen zu können. Aber denk' dran, dass es bei jeder Technik-Übung darum geht, deine Musikalität zu entwickeln. Such' dir deine Lieblingssequenzen aus und verwende sie in Kapitel 5.

Wenn du diese Sequenzen in deinen Solos verwendest, wird das zunächst gezwungen und unnatürlich, wie ein musikalischer Fremdkörper klingen. Übe weiter. Sie werden sich bald natürlich in dein melodisches Vokabular einfügen und nicht mehr weg zu denken sein.

Geschwindigkeit und Geläufigkeit Trainieren

Alle Sequenzen oder Pattern in diesem Buch sind in Achtelnoten notiert, damit sie einfacher zu lesen sind. Sie können aber auch doppelt so schnell, als Sechzehntelnoten gespielt werden. Die folgende Anleitung wird dir helfen, schneller mit Metronom zu spielen und Sechzehntelnoten in dein Spiel einzubauen.

Fange mit der folgenden Sequenz an:

Du solltest dieses Beispiel sauber auf Tempo 60 spielen können, bevor du die nächsten Schritte angehst.

Stelle das Metronom auf Tempo 60 und nimm dich selber auf, wie du das obere Beispiel viermal durchspielst.

Hör dir die Aufnahme an. Wenn die Noten gleichmäßig über den Schlag verteilt sind, erhöhe das Tempo um 8 Schläge pro Minute.

Wenn du bei Tempo 100 angekommen bist, halbiere das Metronom-Tempo auf 50 und verdopple das Tempo der Noten, so dass du jetzt Sechzehntel Noten spielst. Mathematisch betrachtet, spielst du dasselbe Tempo, wie Achtelnoten auf Tempo 100.

Beispiel 1m: (Beispiel A als Sechzehntelnoten)

Erhöhe das Tempo des Metronoms ab Tempo 50 schrittweise, bis du etwa Tempo 100 bis 120 erreichst.

Wenn du mit dieser Methode übst, wird sich deine Technik extrem schnell verbessern und du wirst sehr bald schnell spielen können. Denk' dran, dass das Ziel der Übung ist, dass du sicher und flüssig in einem vernünftigen Tempo spielen kannst. Wie schnell das tatsächlich ist, hängt von dir ab und das macht dich einzigartig. Spiele jedes Beispiel lieber jeden Tag durch, als wochenlang zu versuchen eine Übung auf Tempo 200 hinzukriegen.

Diese Übemethode wird auch im Übeplan auf Seite 11 beschrieben.

Sobald sich deine Fähigkeiten entwickeln, wird jedes Beispiel nur noch ein paar Sekunden dauern. Du wirst jedes Beispiel in diesem Kapitel aufwärts und abwärts in unter vier Minuten üben können. Das wären dann Sechzehntelnoten auf Tempo 90.

Es ist auch wichtig mit dem Fuß zu tippen. Das mag sich einfach anhören, aber wenn du den Puls in deinem Körper fühlst, wirst du automatisch besseres Timing haben. Wenn du deinen Fuß zunächst nicht im Tempo tippen kannst, stell' den Beat langsamer und übe, bis du es kannst.

Du kannst die Audiodateien hier kostenlos herunterladen:
www.fundamental-changes.com/download-audio

Kapitel 2: Intervalle

Die Distanz zwischen zwei Tönen heißt Intervall. Die Distanz zwischen C und D heißt Sekund. Die Distanz zwischen C und E heißt Terz. Wenn du ständig die Tonleiter rauf und runter spielst, kannst du mit Intervallen wichtige Melodiesprünge einbauen. Diese Sprünge können klein sein, wenn du zum Beispiel Terzen spielst; oder du machst relativ große Sprünge, wenn du Sexten spielst.

Wenn du Intervalle übst, ist das auch sehr gut für deine Technik. Bei großen Sprüngen musst du nämlich auch mal Saiten überspringen oder ungewöhnliche Fingersätze verwenden. Aber den größten Nutzen wird dein Gehör davon haben. Gitarristen üben oft Tonleiterläufe und damit trainieren sie ihre Ohren darauf, ausschließlich lineare Melodien zu hören. Wenn wir Intervallsprünge in unser Übeprogramm aufzunehmen, trainieren wir unsere Ohren auf neue Melodien, die wir in unser eigenes Spiel organisch einbauen können. Denk dran: du spielst, was du übst.

Ein Intervall kann entweder aufsteigend oder absteigend gespielt werden und diese beiden Richtungen können zu Sequenzen kombiniert werden. Das erste Intervall könnte zum Beispiel aufsteigen und das nächste absteigen. Man kann Patterns dieser Kombination aneinanderreihen. Das wird in Beispiel 2j gezeigt: Du spielst zwei aufsteigende Terzen und dann eine absteigende Terz.

Man kann auch den Rhythmus dieser Patterns verändern. Wenn man ein Intervallpattern aus zwei Tönen triolisch spielt, ergibt das interessante rhythmische Strukturen.

Lerne zunächst die grundlegenden Patterns mit Intervallsprüngen von der Terz bis zur Oktav. Verwende das folgende Übeprogramm.

Pattern	Tag 1	Tag 2	Tag 3	Tag 4	Tag 5	Tag 6	Tag 7
A*	♪♪@60	♪♪@80	♪♪@100	♫♫@50	♫♫@75	♫♫@90	♫♫@100
B*	♪♪@60	♪♪@80	♪♪@100	♫♫@50	♫♫@75	♫♫@90	♫♫@100
C	♪♪@60	♪♪@80	♪♪@100	♫♫@50	♫♫@75	♫♫@90	♫♫@100
D*	♪♪@60	♪♪@80	♪♪@100	♫♫@50	♫♫@75	♫♫@90	♫♫@100
E	♪♪@60	♪♪@80	♪♪@100	♫♫@50	♫♫@75	♫♫@90	♫♫@100
F	♪♪@60	♪♪@80	♪♪@100	♫♫@50	♫♫@75	♫♫@90	♫♫@100

Beispiel 2a: *

Beispiel 2b: *

Beispiel 2c:

Beispiel 2d: *

Beispiel 2e:

Beispiel 2f:

Ich habe vorhin schon erwähnt, dass du Intervallsprünge in verschiedenen Richtungen kombinieren und damit interessante Melodien konstruieren kannst. Wenn du die Intervalle umdrehst und Gruppen von drei oder mehr Intervallsprüngen zu einer Sequenz kombinierst, eröffnen sich dir die vielfältigsten musikalischen Möglichkeiten. Mit diesen Übungen wirst du auch die Tonleiterform sehr viel besser kennenlernen und richtig durchdringen. Das wird dir echte Sicherheit für deine Improvisationen geben.

Die folgenden Muster, Permutationen und rhythmische Variation basieren alle auf einer Terz. Lerne diese Sequenzen aber auch auf alle Fälle mit anderen Intervallen (Quarten, Quinten und Sexten, usw.). Ich würde dir vorschlagen, dass du das folgende Beispiel eine Woche lang mit Terzen übst, bevor du andere Melodieideen mit anderen Intervallen verwendest.

Die folgende Tabelle hilft dir beim Üben.

Pattern	Tag 1	Tag 2	Tag 3	Tag 4	Tag 5	Tag 6	Tag 7
G*	♪♪@60	♪♪@80	♪♪@100	♫♫@50	♫♫@75	♫♫@90	♫♫@100
H*	♪♪@60	♪♪@80	♪♪@100	♫♫@50	♫♫@75	♫♫@90	♫♫@100
I	♪♪@60	♪♪@80	♪♪@100	♫♫@50	♫♫@75	♫♫@90	♫♫@100
J*	♪♪@60	♪♪@80	♪♪@100	♫♫@50	♫♫@75	♫♫@90	♫♫@100
K	♪♪@60	♪♪@80	♪♪@100	♫♫@50	♫♫@75	♫♫@90	♫♫@100
L*	$\overset{3}{♪♪♪}$@60	$\overset{3}{♪♪♪}$@80	$\overset{3}{♪♪♪}$@100	$\overset{6}{♫♫♫}$@50	$\overset{6}{♫♫♫}$@60	$\overset{6}{♫♫♫}$@70	$\overset{6}{♫♫♫}$@80
M*	$\overset{3}{♪♪♪}$@60	$\overset{3}{♪♪♪}$@80	$\overset{3}{♪♪♪}$@100	$\overset{6}{♫♫♫}$@50	$\overset{6}{♫♫♫}$@60	$\overset{6}{♫♫♫}$@70	$\overset{6}{♫♫♫}$@80

Beispiel 2g: (verkehrte Terzen) *

Beispiel 2h: (eins rauf, eins runter) *

Beispiel 2i: (eins runter, eins rauf) *

Beispiel 2j: (zwei rauf, ein runter) *

Beispiel 2k: (zwei runter, zwei rauf) *

Beispiel 2l: (triolisch - 2 gegen 3) *

Beispiel 2m: (eins rauf, ein runter triolisch. 6 gegen 3) *

Alle diese Ideen kannst du auf andere Intervalle übertragen. Hier siehst du das Beispiel 2g beispielsweise mit Quarten:

Beispiel 2n: (verkehrte Quarten)

Verwende die folgende Tabelle und plane deine Übepraxis über ein paar Wochen. Du wirst immer besser werden und feststellen, dass du für die ersten Intervalle dann nur noch eine kurze Wiederholung brauchst. Dadurch kannst du dich mehr darauf konzentrieren, schwierigere Sequenzen zu üben. Vielleicht ist dieses Übeprogramm nicht perfekt für dich. Achte auf deinen eigenen Fortschritt und lege den Schwerpunkte auf die Intervalle und Sequenzen, deren Klang dir am besten gefällt.

Pattern	Tag 1	Tag 2	Tag 3	Tag 4	Tag 5	Tag 6	Tag 7
G	Quarten ♫	Quarten ♬	Quinten ♫	Sexten ♫	Sexten ♬	Septimen ♫	Oktaven ♫
H	Quarten ♫	Quarten ♬	Quinten ♫	Sexten ♫	Sexten ♬	Septimen ♫	Oktaven ♫
I	Quarten ♫	Quarten ♬	Quinten ♫	Sexten ♫	Sexten ♬	Septimen ♫	Oktaven ♫
J	Quarten ♫	Quarten ♬	Quinten ♫	Sexten ♫	Sexten ♬	Septimen ♫	Oktaven ♫
K	Quarten ♫	Quarten ♬	Quinten ♫	Sexten ♫	Sexten ♬	Septimen ♫	Oktaven ♫
L	Quarten ♫³	Quarten ♬⁶	Quinten ♫³	Sexten ♫³	Sexten ♬⁶	Septimen ♫³	Oktaven ♫³
M	Quarten ♫³	Quarten ♬⁶	Quinten ♫³	Sexten ♫³	Sexten ♬⁶	Septimen ♫³	Oktaven ♫³

Wenn du verstanden hast, wie diese Melodiestrukturen in der ersten Position der Durskala funktionieren, übertrage die Ideen auf die anderen vier Formen der Durskala.

Sobald du eine Idee sicher spielen kannst, verwende sie mit den kreativen Übemethoden aus Kapitel 5

Kapitel 3: Dreiklänge

Ein Dreiklang bildet sich aus zwei Terzen, die aufeinandergestapelt werden:

Es ist schwieriger, Tonleitern in Dreiklänge aufzuteilen, als Terzen dafür zu verwenden. Das liegt daran, dass es schwieriger ist zwei Töne auf einmal zu visualisieren, statt nur einen Ton. Aus Dreiklangssequenzen können viele Melodiepermutationen abgeleitet werden, weil uns jetzt drei Töne in jeder Sequenz zur Verfügung stehen.

In diesem Buch geht es nicht um mathematische Möglichkeiten. Deshalb zeigen die folgenden Beispiele unmittelbar *musikalisch* und praktisch anwendbare Dreiklänge. Ich würde vorschlagen, dass du dich erstmal nur mit diesen Beispielen beschäftigst. Wenn du viel Zeit hast, nachdem du dieses Buch durchgearbeitet hast, kannst dich damit noch mehr beschäftigen.

Diese Dreiklänge sind zwar aus zwei Terzen gebildet, aber es gibt keinen Grund nicht auch Quarten und Quinten aufeinander zu stapeln. Es würde den Umfang des Buches sprengen, alle Beispiele hier aufzuführen; aber, wenn du dich gerne mit Mathematik auseinandersetzt, sind diese Permutationen sicherlich interessant für dich und du solltest dich mit ihnen beschäftigen. Ich möchte dich aber auch warnen: *behalte immer das eigentliche Ziel im Auge und mach' Musik.*

Die Improvisationsansätze in diesem Buch sind praktisch und musikalisch anwendbar. Wenn du anfängst dich mit Quarten und Quinten zu beschäftigen, werden die Melodien möglicherweise eckiger und unzusammenhängender. Seit Jahrhunderten basiert Musik auf Tonleitern, Intervallen, Dreiklängen und Arpeggios. Ich würde sagen, dass du zuerst dieses Vokabular beherrschen solltest, bevor du dich in experimentelle Fusion hineinstürzt.

Dreiklänge bestehen aus drei Tönen und werden deshalb oft als Triolen geübt. Für den Anfang sind Triolen sehr praktisch. Es entstehen aber viele interessante Muster, wenn du gerade Achtel- oder Sechzehntelrhythmen spielst. Man kann auch vier Töne in einer Dreiklangssequenz spielen, wie du in Beispiel 3o sehen wirst. Wenn du einen der Dreiklangstöne zweimal spielst, kannst du viele interessante Melodien erfinden.

Beispiel 3a: (aufwärts) *

Beispiel 3b: (abwärts) *

Beispiel 3c: (kombiniert) *

Beispiel 3d: (hoch, tief, mittel) *

Beispiel 3e: (mittel, hoch, tief)

Beispiel 3: (Pattern mit vier Tönen, tiefster Ton verdoppelt) *

Beispiel 3g: (Pattern mit vier Tönen, mittlerer Ton verdoppelt)

Beispiel 3h: (Pattern mit vier Tönen, tiefster Ton verdoppelt)

Beispiel 3i: (Pattern mit vier Tönen, mittlerer Ton verdoppelt)

Beispiel 3j: (Pattern mit vier Tönen, höchster Ton verdoppelt) *

Beispiel 3k: (aufwärts 3 gegen 2) *

Beispiel 3l: (abwärts 3 gegen 2)

Beispiel 3m: (kombiniert 3 gegen 2)

Beispiel 3n: (verkehrt kombiniert 3 gegen 2 Feeling)

Am Anfang des Abschnitts habe ich schon erwähnt, dass man auch Quarten und andere Intervalle zu Strukturen stapeln kann, die Dreiklängen ähnlich sind. Mit diesen Konzepten kann man sich beschäftigen. Es ist aber nicht garantiert, dass du großen persönlichen Nutzen davon hast! Das folgende Beispiel zeigt, wie du Quarten in Dreiklangstrukturen stapeln kannst:

Beispiel 3o:

Wenn du Dreiklangspatterns in der ersten Form der Durskala gemeistert hast, übertrage sie sofort auf die anderen vier Formen. Du wirst feststellen, dass sich deine Griffbrettkenntnisse mit wenig Aufwand dramatisch verbessern werden. Wegen den großen Intervallsprüngen, übt man diese Tonleiteraufteilungen am besten mit Triolen. Das wird deiner Technik, Geläufigkeit und deinem Weitblick auf der Gitarre helfen.

Es wird dir sehr viel bringen, die Triolen in deinen Improvisationen zu verarbeiten. Investiere hier deine Übezeit. Übe kreativ und bewusst. Und sobald du eine oder zwei der oberen Triolenbeispiele beherrschst, solltest du die Techniken in Kapitel 5 anwenden und diese Ideen beim Improvisieren verwenden.

Kapitel 4: Arpeggios

Sobald du dich mit den Dreiklängen sicher fühlst, ist der nächste Schritt, Arpeggios (Strukturen aus vier Tönen) zu üben und die Tonleitern auf diese Weise aufzuteilen. Genau wie Dreiklänge, werden Arpeggios aus Terzen gebildet.

Für Arpeggios werden drei Terzen aufeinandergestapelt:

Der Abstand zwischen dem ersten und letzten Ton eines Arpeggios ist eine Septim. Arpeggios sind technisch etwas schwieriger als Dreiklänge, weil die Intervalldistanzen einfach größer sind. Oft ist der nächste Ton in der Sequenz auf dem Griffbrett weiter weg. Und genau aus diesem Grund wird sich dein Wissen, dein Verständnis und deine Technik in Bezug auf Tonleitern dramatisch verbessern, wenn du an diesen Pattern arbeitest.

Die Anzahl der möglichen Sequenzpatterns in einem Arpeggio hat sich durch den zusätzlichen Ton im Vergleich zum Dreiklang stark erhöht. Natürlich kann man jede mögliche Anordnung dieser vier Töne in Achtelnoten und Triolen üben, aber die einfache Wahrheit ist, dass nicht jede Permutation praktisch anwendbar ist. Die folgenden Muster, sind die, die ich für besonders praktisch anwendbar und musikalisch halte. Aber vielleicht hörst du das ganz anders. Wenn du also die meisten der Arpeggiopatterns in den Fingern hast, experimentiere mit neuen Möglichkeiten.

Die folgenden Übungen sind relativ schwierig. Übe jedes Pattern also wirklich langsam. Die wichtigsten Arpeggiopatterns sind wieder mit einem Sternchen versehen. Konzentriere dich also auf diese Muster und wende sie kreativ an, bevor du zu den schwierigen und ungewöhnlichen Variationen weitergehst.

Denk' dran, dass diese Patterns nicht nur dazu da sind, deine Finger zu trainieren und dir das Griffbrett zu erschließen. Sie sollen dir viele neue Melodieideen vorstellen. Geschwindigkeit und flüssiges Spielen sind natürlich wichtige Ziele an denen man Fortschritt gut messen kann. Aber das musikalische Ziel ist es, diese Ideen organisch in deine Improvisationen einzubauen.

Arpeggiosequenzen aus vier Tönen kommen in Jazz und Fusion häufig vor. Arpeggios sind nach wie vor die beste Möglichkeit, sich gründlich mit einer Tonleiterform zu beschäftigen; auch wenn du Fusion und Jazz nicht so magst. Du musst große musikalische Distanzen visualisieren und hören. Das wird dein Tonleiterwissen wirklich weiterbringen, bis du die Form wie deine Westentasche kennst.

Wie schon bei allen anderen Strukturen in diesem Buch gilt auch hier: Sobald du eine Sequenz in der ersten Form der Tonleiter verstanden und einigermaßen spielen kannst, übertrage die Sequenz auf die anderen vier Patterns der Durskala.

Die folgende Tabelle wird dir dabei helfen, deine Übezeit effektiv zu nutzen.

Pattern	Tag 1	Tag 2	Tag 3	Tag 4	Tag 5	Tag 6	Tag 7
A*	♫@60	♫@70	♫@80	♬@50	♬@60	♬@70	♬@80
B*	♫@60	♫@70	♫@80	♬@50	♬@60	♬@70	♬@80
C	♫@60	♫@70	♫@80	♬@50	♬@60	♬@70	♬@80
D	♫@60	♫@70	♫@80	♬@50	♬@60	♬@70	♬@80
E	♫@60	♫@70	♫@80	♬@50	♬@60	♬@70	♬@80
F	♫@60	♫@70	♫@80	♬@50	♬@60	♬@70	♬@80
G*	♫³@60	♫³@70	♫³@80	♬⁶@50	♬⁶@55	♬⁶@60	♬⁶@65
H*	♫³@60	♫³@70	♫³@80	♬⁶@50	♬⁶@55	♬⁶@60	♬⁶@65
I*	♫³@60	♫³@70	♫³@80	♬⁶@50	♬⁶@55	♬⁶@60	♬⁶@65
J	♫³@60	♫³@70	♫³@80	♬⁶@50	♬⁶@55	♬⁶@60	♬⁶@65

Beispiel 4a: (aufwärts) *

Beispiel 4b: (abwärts) *

Beispiel 4c: (aufwärts, dann abwärts)

Beispiel 4d: (abwärts, dann aufwärts)

Beispiel 4e: (tief nach hoch, dann abwärts)

Beispiel 4f: (abwärts, dann Sprung)

Beispiel 4g: (4 gegen 3, aufwärts) *

Beispiel 4h: (4 gegen 3, abwärts) *

Beispiel 4i: (4 gegen 3, aufwärts, dann abwärts) *

Beispiel 4j: (4 gegen 3, abwärts, dann aufwärts)

Arpeggiopatterns sind eine technische Herausforderung, aber sie werden deine Geläufigkeit auf dem Griffbrett extrem verbessern.

Kapitel 5: Kreativ Üben

Neue Wörter in einer Fremdsprache sind erstmal schwer zu lernen und zu verwenden. Musik bildet da keine Ausnahme. Neue Phrasen in einer Konversation fühlen sich immer eine Zeit lang komisch und unnatürlich an.

Du kannst nur Fortschritte machen (egal ob in einer Fremdsprache oder in der Musik) indem du dich dazu *zwingst*, neu gelernte Phrasen in das was du schon sagen kannst, einzubauen. Zuerst werden diese Phrasen auffallen, aber mit der Zeit werden sie zum natürlichen Bestandteil deiner Sprache. Je öfter du übst, neue Phrasen in deine Musik einzubauen, desto leichter wird dir das fallen.

In diesem Kapitel werden wir uns Möglichkeiten ansehen, wie wir einige Melodiestrukturen aus den letzten Kapiteln in unser Spiel einbauen können, und wie wir sie als Sprungbrett zu neuen interessanten Melodien nutzen können.

Es gibt keine „richtige" Methode, neue Melodiestrukturen ins Improvisieren einzubauen, sodass sie gleich natürlich klingen. Aber wenn ich dir einen Übeplan geben müsste, würde ich sowas vorschlagen:

1. Spiele eine starke und einfache „Standard"-Melodie oder einen „Standard"-Lick zu einem Backing-Track

2. Spiele ein *kurzes* Fragment einer Melodiestruktur deiner Wahl, die auf einem Akkordton beginnt

3. Löse die Struktur so auf, dass es sich natürlich und musikalisch anfühlt.

Wenn wir mit einer musikalischen „Standardphrase" beginnen, müssen wir uns schon mal keine Gedanken über den Anfang des kreativen Prozesses machen und können den zweiten Schritt entspannt vorbereiten.

Im zweiten Schritt wird die gewählte Melodiestruktur verwendet. Bleibe bei einer Idee und halte das Pattern recht kurz. Starte die Struktur oder das Pattern zunächst auf einem Akkordton der Tonika; beginne zum Beispiel in der Tonart C die Melodie auf einem C, E oder G. Wenn du dich an ein bestimmtes Pattern gewöhnt hast, kannst du anfangen den Rhythmus oder die Phrasierung der Melodie zu verändern.

Wenn du die Struktur über einige Schläge hinweg gespielt hast, löse sie so auf, dass es sich natürlich für dich anfühlt. Vertraue hier deinem Gehör. Wenn du dir keine Sorgen darum machst, wie du die Melodie auflösen sollst, verringert das den Druck beim Üben. Dein Gehör wird sich immer mehr verbessern und du wirst schneller und einfacher zu Lösungen kommen.

Wir werden in der Tonart C mit dem Backing-Track Nr. 2 arbeiten. Diese Herangehensweise funktioniert mit jeder Sequenz, jedem Intervall-, Dreiklang- oder Arpeggiopattern. Das Ganze soll so unkompliziert wie möglich sein. Deshalb werden wir die Melodiesequenz aus Beispiel 1a verwenden.

Sei dir sicher, dass du diese Sequenz kannst, bevor du weitergehst.

Jetzt weißt du welche Melodiestruktur du üben wirst. Schalte den Backing-Track Nr. 2 ein und erfinde einen kurzen einfachen Lick, zu Beginn deiner Übesession. Pentatonische Licks eignen sich hier sehr gut. Probiere für den Anfang mal diese Melodie:

Beispiel 5a:

Jetzt weiß du, wie du starten wirst.

Spiele zum Backing-Track Nr. 2 zuerst den Lick oben und dann ein kurzes Fragment der Melodiesequenz, beginnend auf einem Akkordton. In diesem Fall startet die Sequenz auf dem Grundton C. Löse die Melodie passend auf.

Beispiel 5b:

Wie du siehst, wurde nur ein kleiner Teil der Sequenz verwendet. Das mag dir jetzt etwas holprig erscheinen, aber so werden Patterns in unsere Improvisationen eingebaut.

Verwende dieselbe Melodie ein paarmal, aber finde jedes Mal neue Wege, die Melodie aufzulösen, bevor du die Sequenz auf einem anderen Punkt der Tonleiter beginnen lässt.

Beispiel 5c:

Wie du siehst, kannst du diese Art von Sequenz auf beinahe unzähligen Tonleitertönen beginnen oder enden lassen kannst. Dein Startpunkt hängt sehr vom verwendeten Lick ab, den du verwendest. Außerdem hängt alles von den Akkorden ab, die im Hintergrund gespielt werden.

Versuche deinen eigenen Start-Lick zu finden und spiele mit Backing-Tracks unterschiedlicher Stilrichtungen. Bleibe aber trotzdem bei der gleichen Melodie. Spiele in verschiedenen Griffbrettbereichen.

Organisiere deine Übepraxis methodisch und bleibe einige Tage bei einer Melodiesequenz, bevor du zur nächsten weitergehst. So wirst du viele Wege finden, wie du das Pattern ganz natürlich in dein Spiel einbauen kannst.

Im nächsten Schritt verwendest du diese Patterns auf kreative Weise und experimentierst mit dem Rhythmus der Melodie. Du musst nicht immer nur einen Rhythmus in einer Sequenz spielen. Wenn du sie mit längeren Tönen auflockerst, wirst du dein Gehör daruf trainieren, um ein Melodiepattern herum improvisiert.

Nehmen wir eine ähnliche Idee, wie in Beispiel 5b. Achte darauf, wie ich verschiedene Rhythmen dazu verwende, die Phrase sinnvoll aufzuteilen:

Beispiel 5d:

Der Rhythmus einer Sequenz oder eines Melodiepatterns kann auf alle nur erdenklichen Weise aufgeteilt werden. Wenn du findest, dass ein Rhythmus dich dazu bringt, das Pattern zu variieren, gehe in diese Richtung weiter. Denk' dran: Alle diese Melodiestrukturen sollen dein Gehör auf neue musikalische Ideen bringen, so dass du nicht in den Patterns stecken bleibst.

Die folgende Melodie verwendet spontan eine rhythmische Variation einer Sequenz, die dadurch zur ganz neuen Melodie wird.

Beispiel 5e:

Du kannst auch versuchen, die Sequenz rhythmisch zu verschieben, so dass sie entweder vor oder hinter dem Schlag beginnt.

Beispiel 5f: (zu früh)

Beispiel 5g: (zu spät)

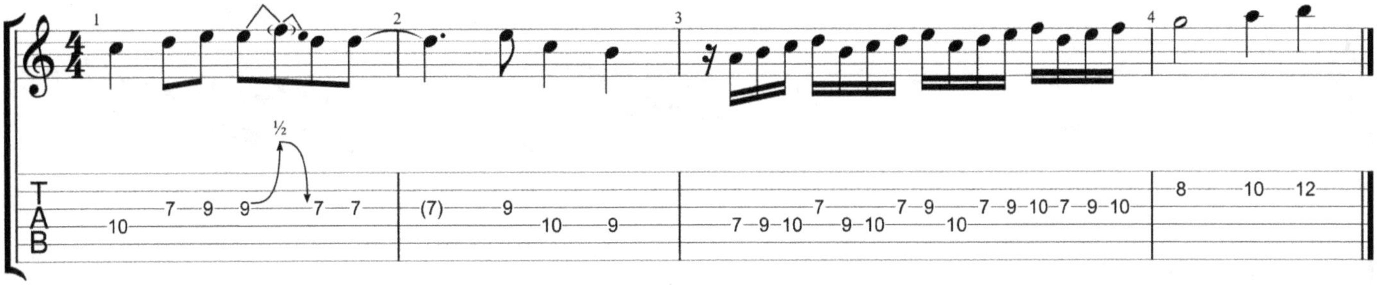

Du kannst auch einen Ton mehr als einmal anschlagen. Dadurch verschiebt sich die Sequenz von ganz allein und wird dich zu einigen einzigartigen Melodiephrasen führen.

Beispiel 5h:

Wenn du verschiedene Arten von Melodiestrukturen kombinierst, kannst du auch recht komplizierte Melodien erzeugen. Wir könnten zum Beispiel die letzte Sequenz mit einer Struktur wie Terzen kombinieren.

Mach' dich mit Beispiel 2a vertraut, bevor du weitergehst.

Beispiel 5i:

Versuche im letzten Beispiel einen großen Melodiesprung zum Ende jeder Skalasequenz zu machen. Hier ist eine von unendlich vielen Möglichkeiten.

Beispiel 5j:

Es gibt noch viele weitere Möglichkeiten mit den musikalischen Ideen kreativ umzugehen. Aber die Anregungen in diesem Kapitel sollten dich auf einen guten Weg bringen. Du kannst sie auf jede Tonleiter, jedes Intervall, alle Dreiklang- oder Arpeggiopatterns aus den letzten vier Kapiteln anwenden.

Das wichtigste ist, dass du einen gut definierten Anfangspunkt wählst und immer nur ein kleines Fragment der Melodiesequenz einbaust. Beschäftige dich mit diesen Ideen und beginne auf jedem Skalaton.

Kapitel 6: Auf Andere Skalen Anwenden

Bis jetzt haben wir uns in diesem Buch darauf konzentriert, Melodiepatterns zu erzeugen und deine Griffbrettkenntnisse zu verbessern, indem wir fünf Formen der Durtonleiter verwendet haben. Es gibt allerdings noch zwei weitere „Quellskalen", die aus sieben Tönen bestehen und von denen verschiedene Modi abgeleitet werden. Die wichtigsten modalen Quellskalen sind die melodische Mollskala und die harmonische Mollskala.

Der Gedanke an sieben weitere Modi für jede der melodischen und harmonischen Mollskalen wirkt vielleicht erst einmal einschüchternd. Glücklicherweise werden nur ein paar dieser Modi häufiger im Modern Jazz oder Fusion verwendet. Wenn du dich für Fusion sehr interessierst, solltest du dich natürlich eingehender mit den Modi dieser Skalen beschäftigen. Es gibt ein paar großartige Bücher über die Theorie des Melodischen Moll und ich möchte dir empfehlen, diese interessanten Klänge in einem kreativen Umfeld zu erkunden.

Du wirst also nur die Quellskala und einige ihrer Modi verwenden, aber es ist trotzdem sehr wichtig, dass du diese Formen über das ganze Griffbrett verteilt meisterst, genauso, wie du es mit den Formen der Durskala gemacht hast. Die sieben Modi der melodischen Mollskala werden von der melodischen Mollskala abgeleitet und das Gleiche passiert auch mit der harmonischen Mollskala. Genau wie bei der Durskala gibt es für jede Mollskala fünf Tonleiterpatterns. In Teil 2 wirst du lernen, wie du diese Formen dazu verwendest verschiedene Modi zu bilden.

Die Moll-Pentatonikskala ist ebenfalls extrem wichtig. Sie ist nämlich die Skala im modernen Blues, Pop und Rock, die am meisten verwendet wird. Sie bildet zwar keine traditionellen Modi, aber viele Gitarristen fühlen sich in einer oder zwei Positionen recht wohl. Die Ansätze aus den letzten Kapiteln können ganz leicht für die Moll-Pentatonikskala adaptiert werden; vor allem die sequenziellen und die intervallische Beispiele.

Tonleiterformen in der Moll-Pentatonik

Wir werden zunächst die Moll-Pentatonikskala untersuchen und uns ansehen, wie wir die Methoden aus den letzten Kapiteln anwenden können und die Skala dadurch besser kennenlernen werden. Die Moll-Pentatonik enthält nur fünf Töne. Deshalb müssen wir etwas anders denken, wenn wir die Übemethoden anwenden wollen. Auf die melodische und harmonische Mollskala, die ja aus sieben Tönen besteht, können die letzten Konzepte allerdings direkt angewendet werden.

In der Tonart C-Moll finden wir folgende fünf Formen der Moll-Pentatonikskala:

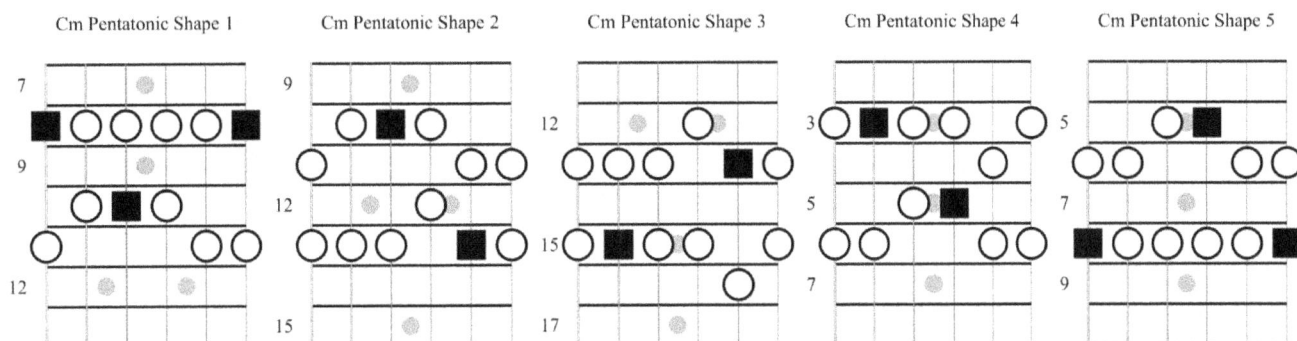

Cm Pentatonic Shape 1   Cm Pentatonic Shape 2   Cm Pentatonic Shape 3   Cm Pentatonic Shape 4   Cm Pentatonic Shape 5

Wenn man diese Positionen auf dem Griffbrett miteinander verbindet, sieht die Moll-Pentatonikskala in C so aus:

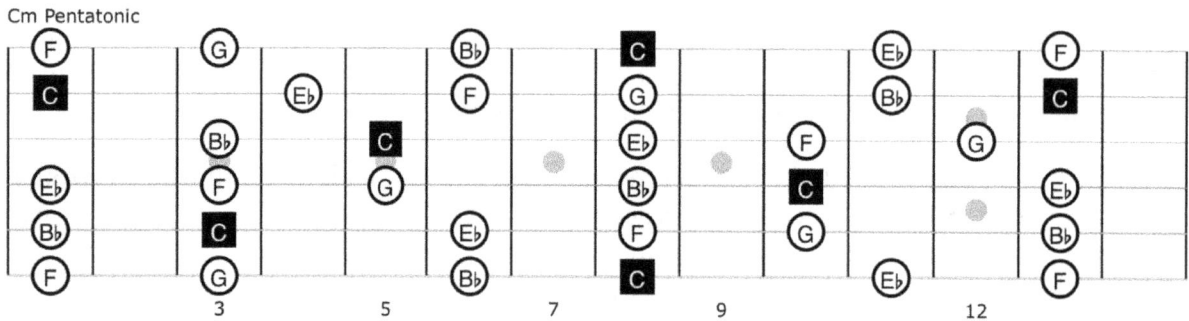

Cm Pentatonic

Die Moll-Pentatonikskala enthält keine 2 und keine 6: ihre Formel ist 1 b3 4 5 b7.

Da diese Skalen nicht aus sieben Tönen bestehen, sind Dreiklänge und Arpeggios schwierig. Sie eignen sich aber ganz hervorragend für melodische Sequenzen und intervallische Improvisationsansätze, auch wenn die Möglichkeiten in dem Zusammenhang etwas eingeschränkt sind.

Die folgenden Tonleitersequenzen und Intervalle haben sich für die Moll-Pentatonik am meisten bewährt. Ich habe sie als Achtelnoten notiert. Aber du solltest mit ihnen experimentieren und sie als Triolen spielen, sodass ein „4 gegen 3"-Gefühl entsteht. Du kennst das schon aus dem letzten Kapitel.

Fange mit den folgenden Ideen in der ersten Position der C-Moll-Pentatonik an, bevor du sie auf die anderen vier Formen überträgst. Der folgende Übeplan sollte dir helfen, dich zu organisieren:

Pattern	Tag 1	Tag 2	Tag 3	Tag 4	Tag 5	Tag 6	Tag 7
A*	♫@60	♫@80	♫@100	♬@50	♬@75	♬@90	♬@100
B*	♫@60	♫@80	♫@100	♬@50	♬@75	♬@90	♬@100
C	♫@60	♫@80	♫@100	♬@50	♬@75	♬@90	♬@100
D*	♫@60	♫@80	♫@100	♬@50	♬@75	♬@90	♬@100
E*	♫@60	♫@80	♫@100	♬@50	♬@75	♬@90	♬@100
F	♫@60	♫@80	♫@100	♬@50	♬@75	♬@90	♬@100
G*	♫³@60	♫³@80	♫³@100	♬⁶@50	♬⁶@60	♬⁶@70	♬⁶@80
H	♫³@60	♫³@80	♫³@100	♬⁶@50	♬⁶@60	♬⁶@70	♬⁶@80
I*	♫³@60	♫³@80	♫³@100	♬⁶@50	♬⁶@60	♬⁶@70	♬⁶@80
J*	♫@60	♫@80	♫@100	♬@50	♬@75	♬@90	♬@100
K*	♫@60	♫@80	♫@100	♬@50	♬@75	♬@90	♬@100

Beispiel 6a: (aufwärts) *

A

```
T        11—8———8
A        11—8——11—8      11—8———8
B 8—10—8—10          10      10—8——10—8
  8—11——11                              10
```

Beispiel 6b: (abwärts) *

B

```
           8—11        8
T   8—11         8—11      8—11        8
A        10           10            10
B 10—8——10—8    10—8       8—10      8—10
   11—8      11                  10
```

Beispiel 6c: (drei aufwärts)

C

```
T        11—8——11—8——8
A        11      11—8      11—8——11—8——8
B 8—11—8      8—10—10      10      10—8
  8—11—8—11      11
```

Beispiel 6d: (Rockpattern)

D

```
T        8—11          8—11
A   11      11—8—11——8      8—11        8
B         8    8—10—8—10  10   10—8—10—8
   8      8—10—8    10
   11—8      11
```

49

Beispiel 6e: (Rockpattern 2) *

Beispiel 6f: (innen außen)

Beispiel 6g: (Triolen) *

50

Beispiel 6h: (innen außen)

Beispiel 6i: (4 gegen 3) *

Beispiel 6j: (Quarten) *

Beispiel 6k: (aufwärts, dann in Quarten abwärts) *

Vergiss nicht, diese Ideen in der Moll-Pentatonik auch mit den kreativen Methoden aus Kapitel 5 zu kombinieren.

Tonleiterformen in der Melodischen Mollskala

Alle Sequenzen, Intervalle, Dreiklänge und Arpeggiopatterns, die du mit der Durskala gelernt hast, können auf die melodischen und die harmonischen Mollskalen übertragen werden.

Zur Illustration zeige ich dir, wie man jeweils eine Sequenz, ein Intervall, einen Dreiklang und ein Arpeggio aus einem früheren Kapitel auf die erste Form der melodischen Mollskala anwendet.

Lerne zunächst die erste Form der melodischen Mollskala:

Beispiel 6l:

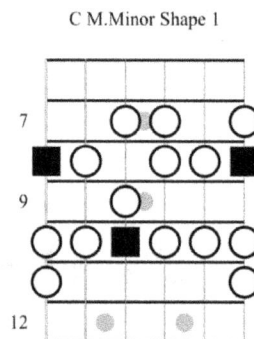

C M.Minor Shape 1

52

Übertragen wir jetzt das Sequenzpattern aus Beispiel 1a auf die melodische Mollskala. Das hier war die Sequenz in der Durskala:

Wenn wir dieselbe sequenzielle Form auf die melodische Mollskala übertragen, bekommen wir:

Beispiel 6m:

Wie siehst und hörst, sind die vier Töne, die in der Sequenz aufsteigen, jeweils in beiden Beispielen gleich. Die tatsächlichen Noten unterscheiden sich allerdings, weil die Tonleitern unterschiedlich aufgebaut sind. Die folgenden Beispiele zeigen dir, wie du jeweils die erste Intervall-, Dreiklangs- und Arpeggiosequenz aus den letzten Kapiteln auf die melodische Mollskala überträgst.

Du solltest die übrigen Patterns aus jedem Kapitel selbstständig anwenden und dafür die Übeprogramme aus den letzten Kapiteln verwenden. Dadurch wirst du organisiert vorgehen. Beschäftige dich zunächst mit den melodischen Strukturen und bleibe in der ersten Form der melodischen Mollskala. Wenn du aber sicherer geworden bist, lerne auch die anderen vier Skalaformen und übertrage die Strukturen jeweils auf jede Form. Du findest das auf der nächsten Seite.

Beispiel 6n: (Terzen im melodisch Moll Form 1)

Beispiel 6o: (Dreiklänge im melodisch Moll Form 1)

Beispiel 6p: (Arpeggios im melodisch Moll Form 1)

Der Fingersatz für die melodische Mollskala ist etwas schwieriger, als der Fingersatz für die Durskala. Es kann helfen, daran zu denken, dass diese Skalen beinahe identisch sind. Du kannst melodisch Moll in C als C-Durskala mit einer b3 betrachten.

C-Dur Formel: 1 2 3 4 5 6 7

Melodisch C-Moll Formel 1 2 b3 4 5 6 7

Manchmal hilft es auch die melodische Mollskala als eine „angepasste" Durskala zu betrachten. Dadurch kannst du dir die Skalaformen womöglich besser merken.

Wenn du dich mit der ersten Form des Patterns in Melodisch-Moll wohl fühlst, versuche alle Melodiestrukturen auf die anderen vier Formen der melodischen Mollskala zu übertragen.

Am besten lernst du die folgenden Formen der melodischen Mollskala um sogenannte „Anker"-Akkorde herum. Sie werden in den Griffbildern in schwarz dargestellt. Im zweiten Teil des Buches erfährst du darüber noch viel mehr.

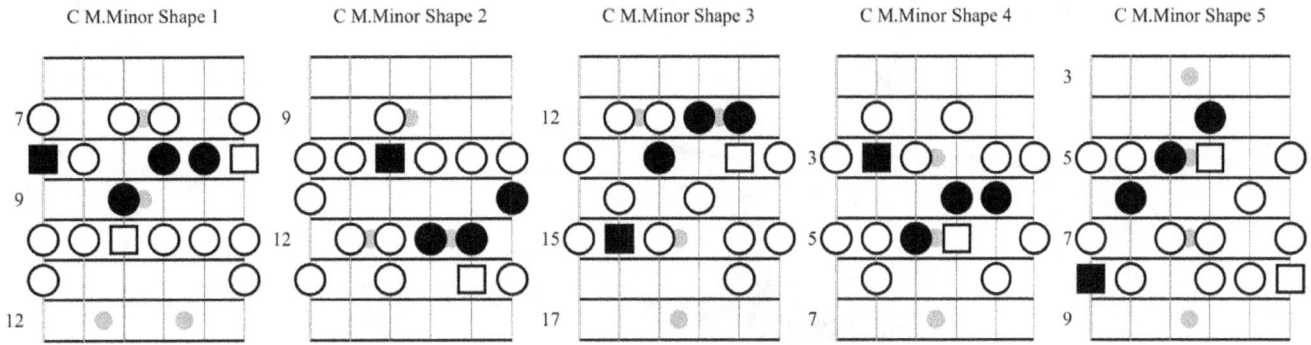

C M.Minor Shape 1 — C M.Minor Shape 2 — C M.Minor Shape 3 — C M.Minor Shape 4 — C M.Minor Shape 5

Verwende die Übeprogramme aus den letzten Kapiteln, um organisiert vorzugehen.

Tonleiterformen in der Harmonischen Mollskala

Genau wie bei der melodischen Mollskala können alle Pattern aus den letzten Kapiteln auch auf die harmonische Mollskala übertragen werden.

Die erste Form der harmonischen C-Mollskala kann so gespielt werden:

Beispiel 6q:

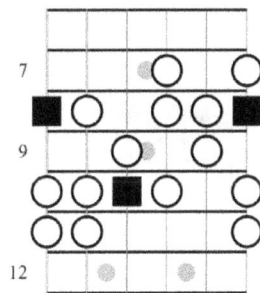

C Harmonic Minor Shape 1

Wie schon bei der melodischen Mollskala, zeige ich dir auch bei der harmonischen Mollskala, wie du jeweils die ersten Melodien aus den Kapitels 1, 2 und 3 übertragen kannst.

Beispiel 6r: (Sequenz in harmonisch Moll Form 1)

Beispiel 6s: (Terzen im harmonisch Moll Form 1)

Beispiel 6t: (Dreiklänge in harmonisch Moll Form 1)

Beispiel 6u: (Arpeggios in harmonisch Moll Form 1)

Wenn du dich mit der ersten Form des Patterns in Harmonisch-Moll wohl fühlst, versuche alle Melodiestrukturen auf die anderen vier Formen der harmonischen Mollskala zu übertragen.

Am besten lernst du die folgenden Formen der harmonischen Mollskala um sogenannte „Anker"-Akkorde herum. Sie werden in den Griffbildern in schwarz dargestellt. Im zweiten Teil des Buches erfährst du darüber noch viel mehr.

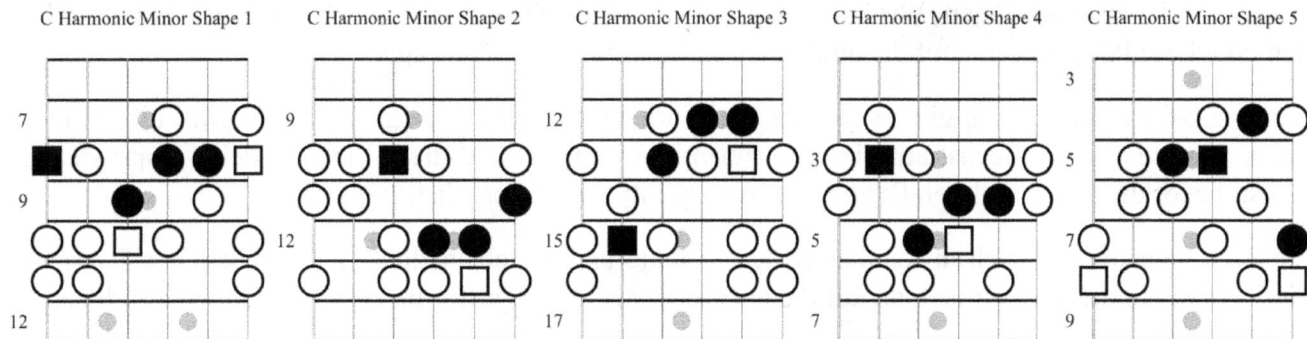

C Harmonic Minor Shape 1 C Harmonic Minor Shape 2 C Harmonic Minor Shape 3 C Harmonic Minor Shape 4 C Harmonic Minor Shape 5

Verwende die Übepläne aus den letzten Kapiteln, um organisiert vorzugehen.

Vielleicht kommt dir dieser Abschnitt im Buch ziemlich kurz vor. Aber es wird viele Wochen dauern, bis du alle Sequenzen in allen Skalaformen angewendet hast. Du musst nicht alles in kürzester Zeit können. Kombiniere beim Üben diese Ideen auf jeden Fall mit anderen kreativen und musikalischen Bereichen und verwende auch das CAGED-System aus Teil 2 dieses Buches.

Ich würde vorschlagen, dass du dich etwa 20 Minuten jeden Tag mit den Patterns in diesem Kapitel beschäftigst. Denk' dran, dass der echte musikalische Nutzen darin liegt, diese Ideen anzuwenden und sie nicht nur auswendig zu lernen.

Kapitel 7: Arpeggios über zwei Oktaven

In Kapitel 4 haben wir jede Skala in Arpeggiofragmente aus vier Tönen aufgeteilt und sie jeweils auf jedem Ton der Tonleiter beginnen lassen. Jedes dieser Arpeggios auf den einzelnen Tonleiterstufen kann auch isoliert betrachtet und dessen Töne über zwei Oktave gespielt werden.

Es gibt unzählige Arpeggios, die in der Musik möglich sind. Die vier, die am meisten verwendet werden, sind Major-sept-, Mollsept-, Dominantsept und Moll7b5-(oder „halbverminderte") Arpeggios. Diese Arpeggiotypen bestehen jeweils aus vier Tönen. Wir können also wieder Melodiepatterns um ein einzelnes Arpeggio herum lernen und diese Patterns dann auf die anderen drei Arpeggiotypen übertragen.

Genau wie bei den Tonleitern, gibt es jeweils fünf Formen für jedes Arpeggio. Aber es wird dir am meisten bringen, wenn du dich zunächst auf die erste Form konzentrierst und diese Ideen in deine Improvisationen einbaust, bevor du zu den anderen Formen der Arpeggiotypen weitergehst.

Lerne erst einmal die praktisch anwendbaren Melodiepatterns, die sich um die erste Form des Cmaj7-Arpeggios bilden. Übertrage diese Patterns dann auf die anderen maj7-Arpeggioformen und schließlich auf die anderen Arpeggiotypen.

Die erste Form des maj7-Arpeggios kann man so spielen:

C Major 7 Shape 1

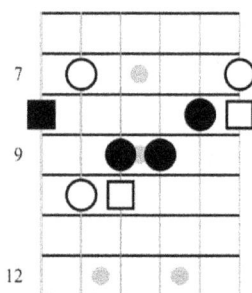

Beachte, dass dieses Beispiel ausschließlich die ersten vier Töne des Beispiel 4a enthält. Aber statt ein neues Arpeggio aus vier Tönen auf der zweiten Stufe der Tonleiter (D) zu starten, werden die vier Töne eine Oktav höher nochmal wiederholt.

Viele verschiedene Melodiesequenzen können entstehen, wenn man lediglich die Reihenfolge dieser vier Töne variiert. Arpeggiopatterns über zwei Oktaven können technisch eine Herausforderung darstellen. Aber sie öffnen deine Ohren für aufregende musikalische Formen und entwickeln gleichzeitig ganz hervorragen deine Weitsicht auf dem Gitarrengriffbrett und dein flüssiges Spiel.

Die folgenden Sequenzen sind die, die sich am besten in der Praxis anwenden lassen und mit denen du beginnen solltest, wenn du anfängst, dich mit Arpeggios aus vier Tönen über zwei Oktaven zu beschäftigen.

Beispiel 7a: *

Beispiel 7b: *

Beispiel 7c: *

Beispiel 7d:

Beispiel 7e:

Beispiel 7f:

Beispiel 7g:

Beispiel 7h:

Übertrage diese Melodiepatterns jeweils auf die erste Form aller Arpeggiotypen (maj7, m7, 7 (Dominantsept) und m7b5).

So würde man das Beispiel 7a in der ersten Form eines C7-Arpeggios spielen:

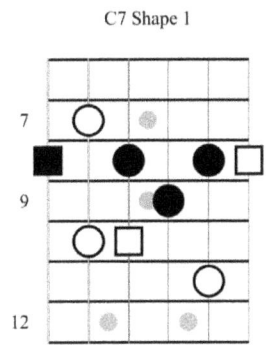

C7 Shape 1

Beispiel 7i:

Spiele die Melodiepatterns in Beispiel 7a - 7h mit dem C7-Arpeggio, bevor du sie mit der ersten Form des Moll7(m7)-Arpeggios und dann mit dem Moll7b5(m7b5)-Arpeggio unten lernst:

Cm7 Shape 1   Cm7b5 Shape 1

Wenn du anfängst, diese Arpeggios wirklich zu hören und dich jeweils mit der ersten Arpeggioform wohl fühlst, nimm die anderen vier Arpeggioformen in dein Übeprogramm auf. Lerne jede Arpeggioform zunächst aufwärts und abwärts auswendig und nimm pro Woche jeweils nur einen weiteren Arpeggiotyp in dein Übeprogramm auf. Arbeite beispielsweise in der ersten Woche an allen fünf Formen des maj7-Arpeggios, in der zweiten Woche an allen fünf Formen des m7-Arpeggios, usw.

Du musst deine Übeinhalte aus der vorhergehenden Woche nicht vernachlässigen. Es sollte nur ein paar Minuten dauern, die anderen Arpeggiopatterns am Ende einer Übesession zu wiederholen.

Unten siehst du die fünf Formen für jeden Arpeggiotyp. Übe sie mit den zugehörigen Backing-Tracks, damit du ein Gefühl dafür bekommst, wie sie im musikalischen Kontext funktionieren.

maj7-Arpeggio (Backing-Track Nr. 3)

C Major 7 Shape 1   C Major 7 Shape 2   C Major 7 Shape 3   C Major 7 Shape 4   C Major 7 Shape 5

Dominantseptarpeggios (Backing-Track Nr. 4)

C7 Shape 1   C7 Shape 2   C7 Shape 3   C7 Shape 4   C7 Shape 5

m7-Arpeggios (Backing-Track Nr. 5)

Cm7 Shape 1   Cm7 Shape 2   Cm7 Shape 3   Cm7 Shape 4   Cm7 Shape 5

m7b5-Arpeggios (Backing-Track Nr. 6)

Cm7b5 Shape 1   Cm7b5 Shape 2   Cm7b5 Shape 3   Cm7b5 Shape 4   Cm7b5 Shape 5

Kapitel 8: Dreiklänge über zwei Oktaven

Genau wie die Arpeggios aus vier Tönen, kannst du Dreiklänge aus drei Tönen isoliert betrachten. Es gibt vier Dreiklangstypen: Dur, Moll, vermindert und übermäßig. Verminderte und übermäßige Dreiklänge werden nur gelegentlich verwendet. Dur- und Molldreiklänge kommen hingehen extrem häufig vor. Ich würde also vorschlagen, dass du dich zunächst ausschließlich mit diesen Dreiklängen beschäftigst.

Die folgenden Melodiepatterns werden in der ersten Position von C-Dur gezeigt. Lerne sie erst in dieser Position, bevor du sie auf die anderen Dreiklangstypen mit ihren fünf Positionen überträgst.

C Major Triad Shape 1

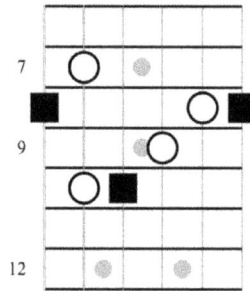

Beispiel 8a:

Beispiel 8b:

Beispiel 8c:

Beispiel 8d:

Beispiel 8e:

Die vier Dreiklangstypen können folgendermaßen in jeweils fünf Positionen gespielt werden:

Durdreiklänge

C Major Triad Shape 1   C Major Triad Shape 2   C Major Triad Shape 3   C Major Triad Shape 4   C Major Triad Shape 5

Molldreiklänge

C Minor Triad Shape 1   C Minor Triad Shape 2   C Minor Triad Shape 3   C Minor Triad Shape 4   C Minor Triad Shape 5

Verminderte Dreiklänge

C Diminished Triad Shape 1 C Diminished Triad Shape 2 C Diminished Triad Shape 3 C Diminished Triad Shape 4 C Diminished Triad Shape 5

Übermäßige Dreiklänge

C Augmented Triad Shape 1 C Augmented Triad Shape 2 C Augmented Triad Shape 3 C Augmented Triad Shape 4 C Augmented Triad Shape 5

Teil 2: Skalen, Positionen und Tonleitern

Einleitung zu Teil 2

In diesem Abschnitt wirst du lernen, wie man jede gängige Tonleiter und jeden Modus in jeder Tonart überall auf dem Griffbrett spielen kann. Es gibt dafür eine einfache Methode, die CAGED-System genannt wird.

Im CAGED-System wird jeder Tonleiter ein „Anker"-Akkord zugeordnet, an den man sich leicht erinnern kann. So kannst du die Tonleiter oder den Modus ganz einfach um diesen Anker herum visualisieren. Im Anker-Akkord wird die klangliche Grundqualität des Modus bereits vorweggenommen. Du kannst also die grundlegenden musikalischen Eigenschaften jeder Tonart hören, wenn du den Akkord spielst. Eine Durskala wird, zum Beispiel, um einen Durakkord herum gebildet, während wir den dorischen Modus um einen m7-Akkord herum konstruieren.

Wie wir bereits besprochen haben, kannst du dieselben fünf Tonleiterformen verwenden, um *jeden* Modus zu spielen. Es ändert sich lediglich der Zeitpunkt, *wann* wir die Skala verwenden und der Akkord, den wir zur Visualisierung der Tonleiter benutzen.

Das Gitarrengriffbrett wird in fünf verschiedene Positionen aufgeteilt und es gibt jeweils fünf verschiedene Formen pro Quellskala. Damit wir die fünf Formen jeder Skala in allen fünf Positionen auf dem Griffbrett anwenden können, spielen wir Übungen in fünf verschiedenen Tonarten: eine Tonart pro Form.

Wenn wir fünf verschiedene Tonarten verwenden, können wir die Greifhand in einer Griffbrettposition „fixieren" und jede Form dazu benutzen die Skala in einer anderen Tonart zu spielen. So kann man jede Skala super lernen und verinnerlichen. Und gleichzeitig macht man noch Gehirnjogging!

Vielleicht findest du das erstmal total verwirrend, aber keine Sorge! Du wirst dich langsam auf den Weg machen und das Schritt für Schritt meistern. Wenn du diese Methode erst einmal in einer Position auf der Gitarre gelernt hast, ist es relativ einfach, sie auf jede Tonleiter in jeder Griffbrettposition zu übertragen. Je vertrauter du mit den Tönen auf dem Griffbrett wirst, desto einfacher wird es, die Anker-Akkorde in eine andere Tonart zu verschieben und sofort die richtige Tonleiter oder den richtigen Modus um den Akkord herum zu konstruieren.

Es macht das Leben sehr viel leichter, wenn du die Töne auf den Basssaiten der Gitarre kennst. Arbeite also die folgenden drei Seiten durch, bevor du zu Kapitel 10 springst. In jedem Abschnitt wird alles wiederholt, was du brauchst. Aber wenn du hier etwas Arbeit reinsteckst, wird das den Weg für die Zukunft ebnen.

Kapitel 9: Das Griffbrett kennen

Wenn du Tonleitern in jeder Tonart spielen willst, ist der Ort des Skalagrundtons auf Griffbrett das Wichtigste, das du wissen musst. Für das System in diesem Buch musst du nur die Töne auf den drei Basssaiten kennen, aber ich möchte dir sehr dazu raten, das Griffbrett vollständig zu lernen. Wir werden die notwendigen Töne im nächsten Abschnitt wiederholen. Aber wenn du dieses Kapitel durcharbeitest, wird dich das hervorragend auf alles Weitere vorbereiten.

Sehen wir uns einige praktische Patterns an, mit denen du schnell den Namen und die Position eines Tones auf dem Griffbrett bestimmen kannst.

Oktavpatterns sind wiederkehrende Formen, die uns verlässlich sagen, wie wir einen Ton mit demselben Namen auf der Gitarre finden. Zunächst müssen wir die Töne auf der 6. und der 5. Saite lernen:

Töne auf der 6. Saite:

Notes on the 6th String

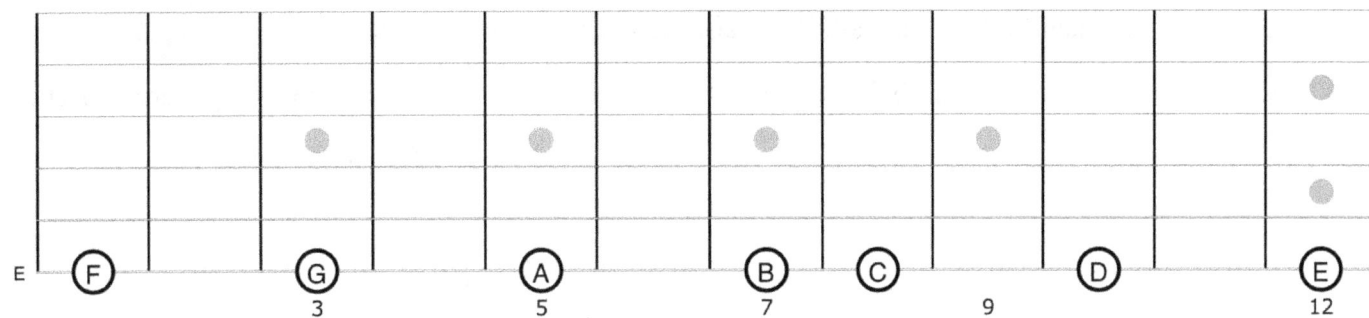

Töne auf der 5. Saite:

Notes on the 5th String

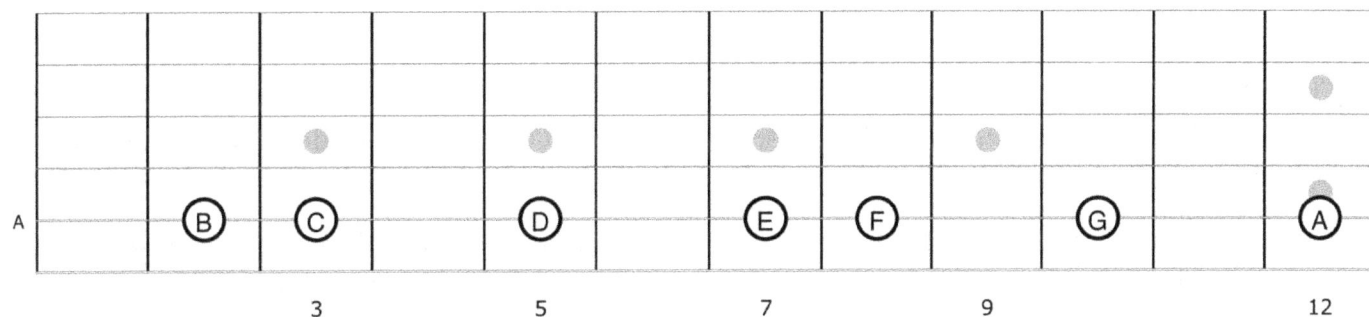

Wenn du schon Barréakkorde verwendest, wirst du mit diesen Tönen womöglich schon vertraut sein.

Denk' dran, dass jeder Ton erhöht (#) und erniedrigt (b) werden kann, indem du ihn um einen Halbton nach oben oder unten verschiebst. Eb und D# findest du zum Beispiel beide auf der 5. Saite am VI. Bund oder auf der 6. Saite am XI. Bund.

Wir können einfache Formen verwenden, um *die gleichen Töne eine Oktave höher zu finden.*

Oktaven werden mit der 6. und 4. Saite oder mit der 5. und 3. Saite folgendermaßen gespielt:

Octave Pattern 6th to 4th String and 5th to 3rd String

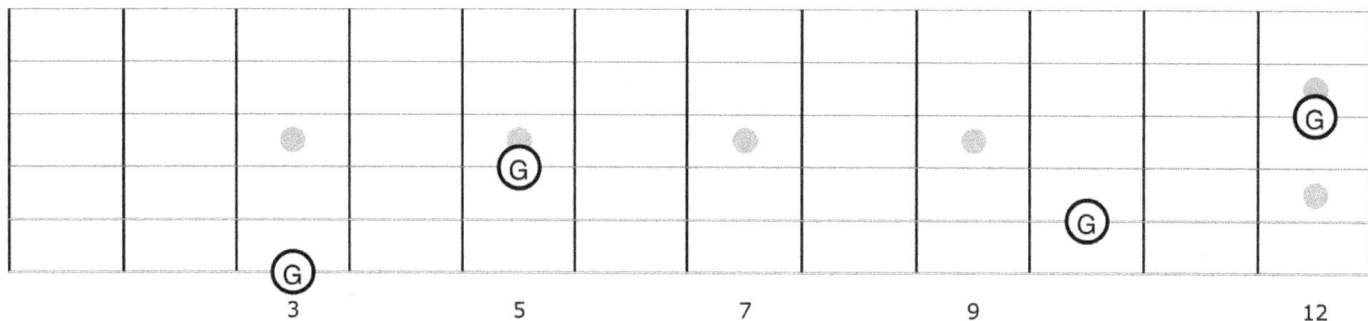

Wenn du denselben Ton eine Oktave höher spielen möchtest, musst du dich immer zwei Saiten *weiter-* und zwei Bünde *aufwärts*bewegen.

Mit dieser Information kannst du schnell alle Töne auf der 4. und 3. Saite finden.

Du kannst auch eine Oktave spielen, indem du zwei Saiten überspringst. Hier ist das Oktavpattern zwischen der 6. und 3. Saite:

Octave Pattern 6th to 3rd String

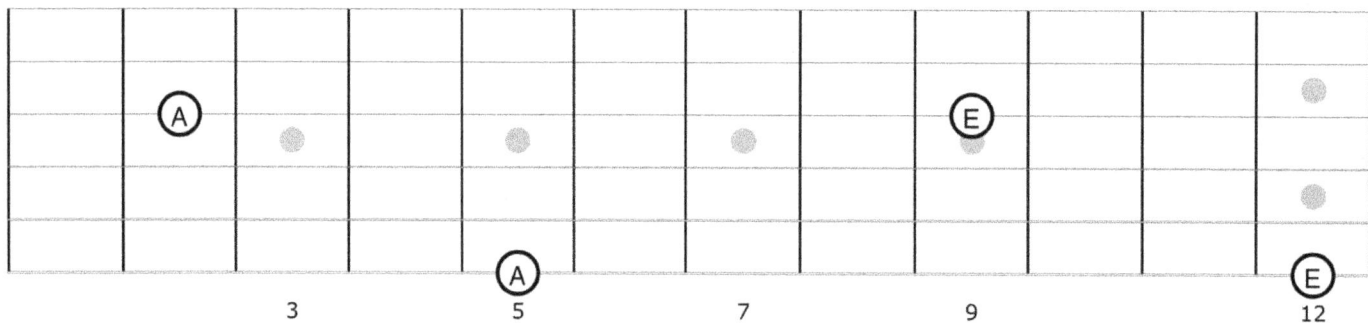

Wenn du den Ton auf der 6. Saite kennst, kannst du denselben eine Oktave höher auf der 3. Saite finden, indem du drei Saiten *weiter* und drei Bünde *abwärts* spielst.

Das Muster zwischen der 5. und 2. Saite ist ähnlich aber ein bisschen anders. Wegen der abweichenden Stimmung zwischen der. 3. und 2. Saite auf der Gitarre verändert sich das Muster etwas:

Octave Pattern 5th to 2nd String

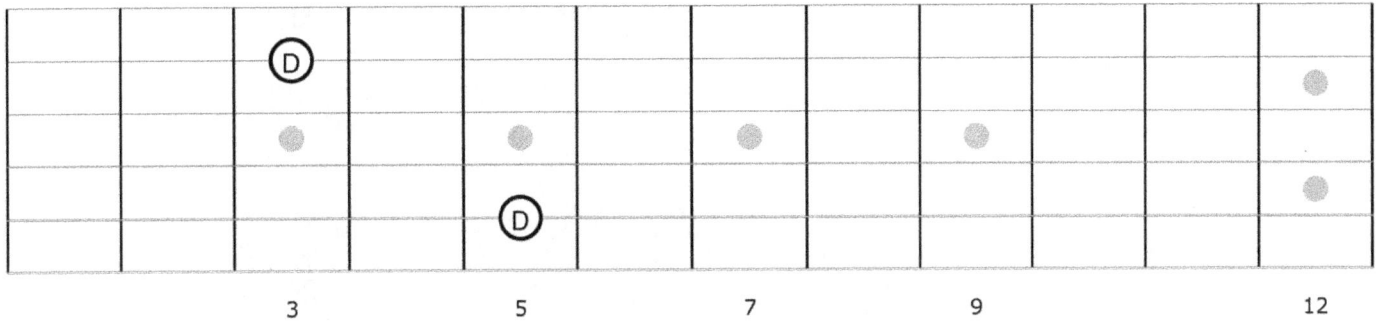

3 5 7 9 12

Wenn du den Notennamen auf der 5. Saite kennst, kannst du dieselbe Note eine Oktave höher auf der 2. Saite finden, indem du drei Saiten *weiter* und zwei Bünde *abwärts* spielst.

Zwischen der 4. und 2. Saite sieht die Oktavform immer so aus:

Octave Pattern 4th to 2nd String

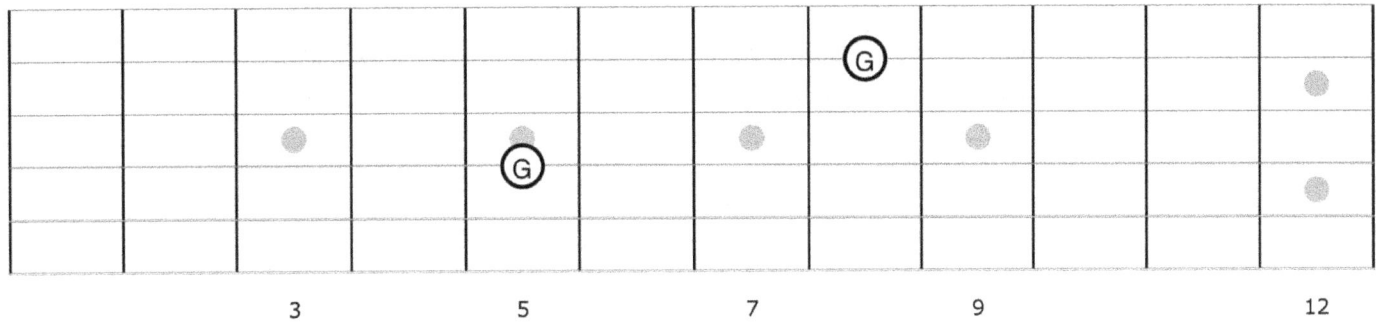

3 5 7 9 12

Sie ist identisch mit dem Oktavmuster zwischen der 3. und 1. Saite:

Octave Pattern 3rd to 1st String

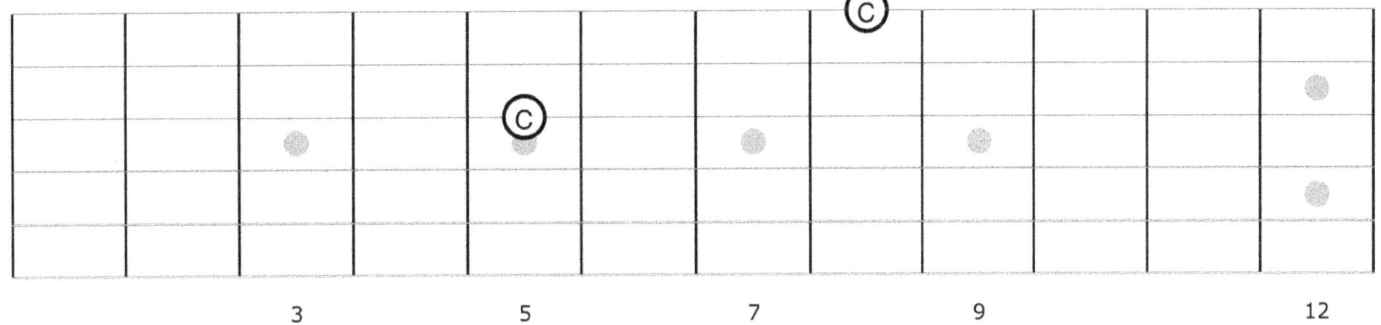

3 5 7 9 12

Und zum Schluss noch etwas, was du wahrscheinlich schon weißt. Die Töne auf der 1. Saite sind die Gleichen, wie auf der 6. Saite. Sie klingen nur zwei Oktaven höher:

Two Octave Pattern

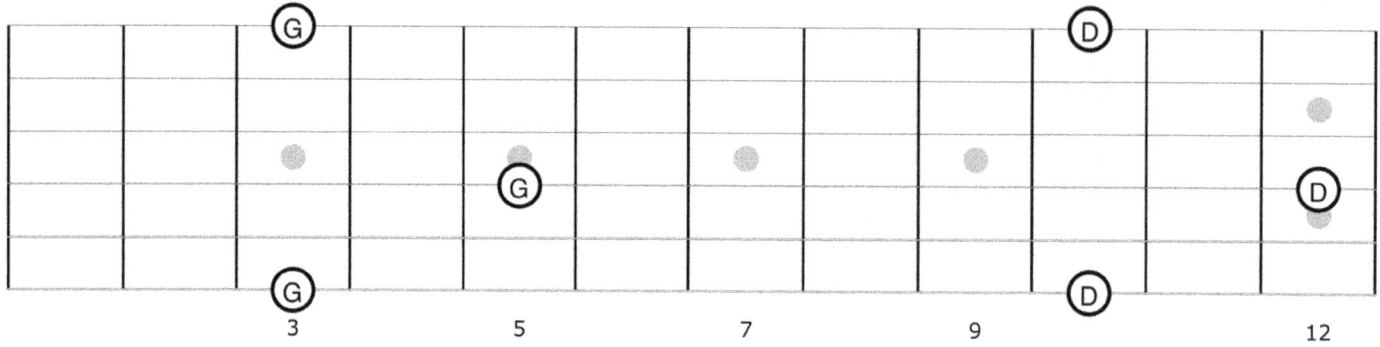

Am schnellsten lernt man das Griffbrett, indem man *schnell* auf diese Muster zugreifen lernt. Wenn du das übst, wird das Griffbrett mit der Zeit kleiner werden und du wirst schneller musikalische Phrasen spielen können.

Du kannst auch ein Spiel daraus machen: Sag' einen Notennamen laut und finde diese Note dann schnell überall, wo sie auf dem Griffbrett vorkommt. Mach' das auch mit erhöhten und erniedrigten Tönen.

Im folgenden Kapitel werden wir viele *Positionsübungen* in den Tonarten A, C, D, F und G machen. Du solltest also wissen, wo du die Töne finden kannst.

Kapitel 10: Das CAGED-System anhand der Durtonleiter

In Teil 1 haben wir uns nur mit der Tonart C beschäftigt und fünf Positionen der C-Durskala gelernt:

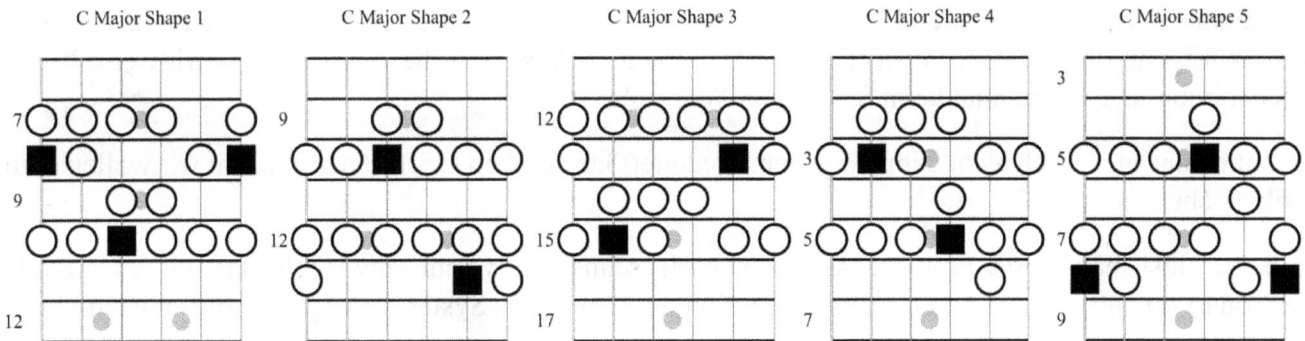

C Major Shape 1   C Major Shape 2   C Major Shape 3   C Major Shape 4   C Major Shape 5

Wir haben uns nur um den Grundton (C) auf der Gitarre finden müssen, um in der richtigen Tonart zu spielen.

In Teil 2 lernst du, wie man diese Formen in *jeder* Tonart überall auf dem Griffbrett sofort spielen kann. Wie würdest du entscheiden, welche Skalaform du benutzen musst, wenn du zum Beispiel eine A-Durtonleiter zwischen dem II. und V. Bund spielen willst?

Wir brauchen zunächst einmal den Grundton (A) in dieser Position.

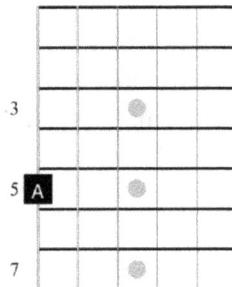

Dann müssen wir die Form der Durskala finden, die sich mit dem Grundton deckt und unserer Hand erlaubt, in dieser Position zu bleiben. Wenn du die Patterns oben durchgeschaut hast, hast du vielleicht gesehen, dass es Form 5 ist:

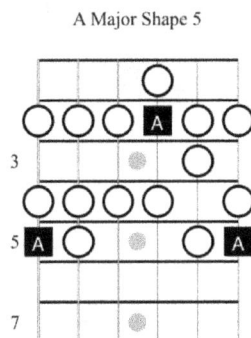

A Major Shape 5

Wir haben die fünfte Position der C-Durskala auf dem Griffbrett abwärts transponiert (verschoben), so dass der neue Grundton das A ist. Das funktioniert genauso, wie wenn du einen Barréakkord auf dem Griffbrett verschiebst.

Diese Vorgehensweise ist ein wenig aufwendig, weil wir dabei an viele verschiedene Dinge denken müssen. Wenn du diese Methode auf jede Skala und jeden Modus in allen 12 Tonarten überträgst, wird das schon sehr komplex. Eigentlich tendieren Musiker nicht dazu, so zu denken, weil diese langsame schrittweise Methode der Kreativität und Spontanität beim Spielen im Weg steht.

Wir wollen uns eigentlich nicht damit abgeben, Tonleitertöne auf dem Griffbrett zu finden; wir wollen einfach Musik machen.

Am besten löst man dieses Problem, indem man ein schnelles System entwickelt, das mit jeder Skala in jeder Tonart und überall auf dem Griffbrett funktioniert. Um dieses System erfolgreich zu benutzen musst du folgendes wissen:

- Wo sich die Grundtöne auf dem Griffbrett befinden (zumindest die Töne auf den drei Basssaiten)

- Die Skalaform um einen Barréakkord, den du dir leicht merken kannst

Wenn wir Barréakkorde über das Griffbrett verschieben, können wir jeden Akkord spielen. Wenn wir diese Barréakkordformen mit Skalen verbinden, können wir jede Skala spielen.

Dieses System hat außerdem den Vorteil, dass die Formen der Barréakkorde deinen Sound und die Stimmung in jedem Modus definieren helfen. Das macht es einfacher musikalische Ideen und Licks mit diesen Akkorden zu verbinden. Dorisch spielt man, zum Beispiel, normalerweise über einen „gechillten" m7-Akkord. Deshalb lernen wir Dorisch mit m7-Barréakkorde als Anker. Dadurch trainieren wir uns Gehör, den Klang des Akkordes mit der Stimmung der Skala zu verbinden.

Schauen wir uns für den Anfang nochmal die Formen der Durskala an. Aber diesmal bilden wir sie um Dur-Barréakkorde herum.

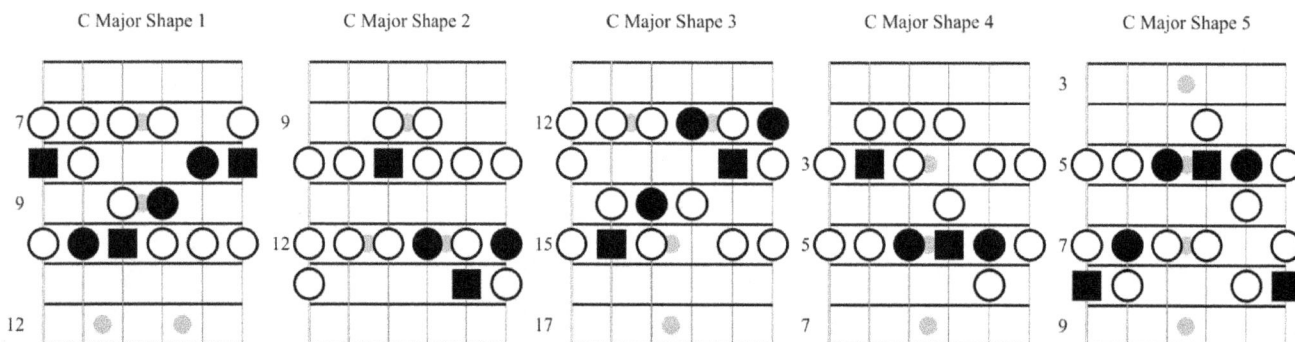

Die Kreise markieren die Skalatöne, während die Punkte verschiedene Barréakkordformen des C-Durakkordes zeigen. Du wirst sehen, dass diese Akkordformen Barréakkordversionen von einem der Akkorde E, D, C, A oder G in der ersten Lage sind. Diese Notenamen geben auch dem „CAGED-System" seinen Namen.

Zum Auswendig Lernen der Skalaform in Verbindung mit den Akkorden:

- Spiele den Barréakkord-Anker und spreche gleichzeitig den Akkordnamen laut aus

- Spiele die Skalaform aufwärts und abwärts

- Spiele den Barréakkord-Anker und spreche gleichzeitig den Akkordnamen laut aus

- Wiederhole die Schritte, aber spiele die Skala vom *höchsten* Ton aus abwärts und dann wieder aufwärts

- *Visualisiere* dann schließlich die Akkordform (aber spiele sie nicht), während du die Skala aufwärts und abwärts, und dann abwärts und aufwärts spielst

Gelegentlich ist es einfacher, nicht jeden Ton im Anker-Akkord zu spielen (z.B. in der 2. und 5. Position). Stell' dir aber auf jeden Fall den Grundton jeder Akkordform vor; vor allem in Position 5, wo du den Grundton weglassen kannst.

Beispiel 10a: (Backing-Track Nr. 3)

Wiederhole diese Übung, aber spiele jede Skala erst abwärts und dann aufwärts, nachdem du den Anker-Akkord gespielt hast.

Versuche als Nächstes jede Skalaposition von unten nach oben zu verknüpfen, wie es hier gezeigt wird.

Beispiel 10b:

Beachte die Fingersätze, die in der Tabulatur angegeben werden und wechsle zum richtigen Zeitpunkt zwischen den fünf Positionen.

Du kannst Beispiel 10b auch rückwärts und das Griffbrett abwärts spielen. Übe das, bis du nicht mehr auf die Noten schauen musst.

Im nächsten Schritt lernst du, wie man alle fünf Skalaformen verwendet, um die Durskala in *verschiedenen Tonarten* in derselben Griffbrettposition zu spielen. Man verwendet eine der fünf Durskala-Formen für jede Tonart und spielt damit fünf verschiedene Tonarten durch.

Die Tonarten (um tonale Zentren), die wir für diese Übung verwenden sind A-, C-, D-, F- und G-Dur Diese Tonarten können alle in einer Griffbrettposition mit einer der fünf Durskalaformen gespielt werden. Wir spielen die tonalen Zentren immer in der Reihenfolge A, C, D, F und dann G durch.

Zuerst musst du lernen, wo du den Grundton jeder Tonart auf dem Griffbrett findest. Wir werden in der Mitte des Griffbretts beginnen; zwischen dem V. und VIII. Bund.

Die Töne A, C, D, F und G findest du auf dem Griffbrett hier:

5th to 8th fret

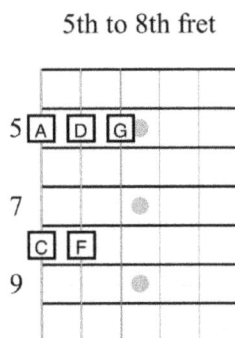

Welche Form der Durskala musst du verwenden, damit du in dieser Position A-Dur spielen kannst? Geh' zurück auf Seite 75 und schau dir an, welches Tonleiterdiagramm eine Barréakkordform enthält, die sich ganz einfach mit dem Ton A im oberen Griffbild deckt.

Siehst du, dass die erste Form einen Barréakkord in Dur enthält, der mit dem Grundton A zusammenfallen wird? Hier ist die erste Form der Durskalaform in der Tonart A:

A Major (Shape 1)

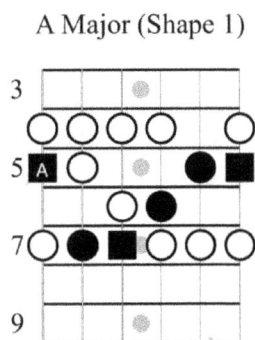

Spiele den A-Durakkord als Barré und spiele dann die A-Durskala aufwärts und abwärts. Beginne beim tiefsten Ton der Form; nicht dem Grundton.**Beispiel 10c:**

Die nächste Tonart in der Sequenz ist C-Dur.

Der Ton C befindet sich auf der 6. Saite am VIII. Bund. Welche Barréakkordform auf Seite 75 passt zur Note C?

Wenn du genau hinschaust, wirst du sehen, dass die fünfte Form die einzige Möglichkeit ist, einen Grundton auf der richtigen Stelle zu platzieren, wenn deine Hand zwischen dem V. und dem VIII. Bund auf dem Griffbrett bleiben soll.

C Major (Shape 5)

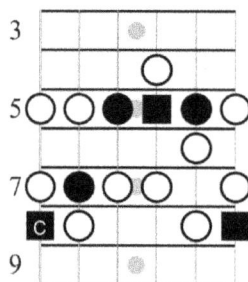

Spiele den C-Durakkord als Barréakkord und spiele dann die Skala aufwärts und abwärts. Fange beim tiefsten Ton an.

Beispiel 10d:

Die nächste Tonart ist D-Dur. Der Ton D befindet sich auf der 5. Saite am V. Bund. Du würdest die vierte Form für die D-Durskala in dieser Position verwenden.

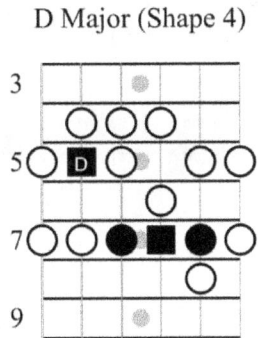

D Major (Shape 4)

Spiele den D-Durakkord als Barré und spiele dann die Skala aufwärts und abwärts.

Beispiel 10e:

Die nächste Tonart der Sequenz ist F-Dur. In dieser Position wird die F-Durskala mit der dritten Form gespielt.

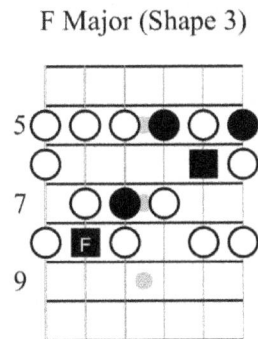

F Major (Shape 3)

Wiederhole die Übemethode von oben und spiele den Akkord - die Skala - den Akkord.

Beispiel 10f:

Das letzte tonale Zentrum der Sequenz ist G-Dur. Der Grundton G ist etwas schwieriger zu finden, weil er sich auf der 4. Saite befindet. In dieser Position kannst du die G-Durskala mit der zweiten Form umsetzen.

G Major (Shape 2)

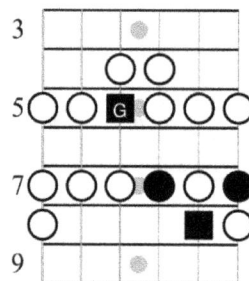

Beispiel 10g:

Versuche jetzt das Buch zu schließen und die Skalen von A, C, D, F und G abwechselnd auswendig zu spielen. Fange immer mit dem Anker-Akkord an und spiele dann die Durskalaform aufwärts und abwärts.

Beispiel 10h: (Backing-Track Nr. 7)

Im nächsten Schritt spielst du die Durtonleitern mit den tonalen Zentren A, C, D, F und G nochmal durch. Aber diesmal spielst du *nicht* die Akkorde. Visualisiere die Akkorde in deinem Geist und sage den Namen jeder Tonleiter, wenn du sie spielst.

Beispiel 10i: (Backing-Track Nr. 8)

Und zum Schluss, spiele eine Form aufwärts und dann die nächste Form abwärts.

Beispiel 10j: (Backing-Track Nr. 9)

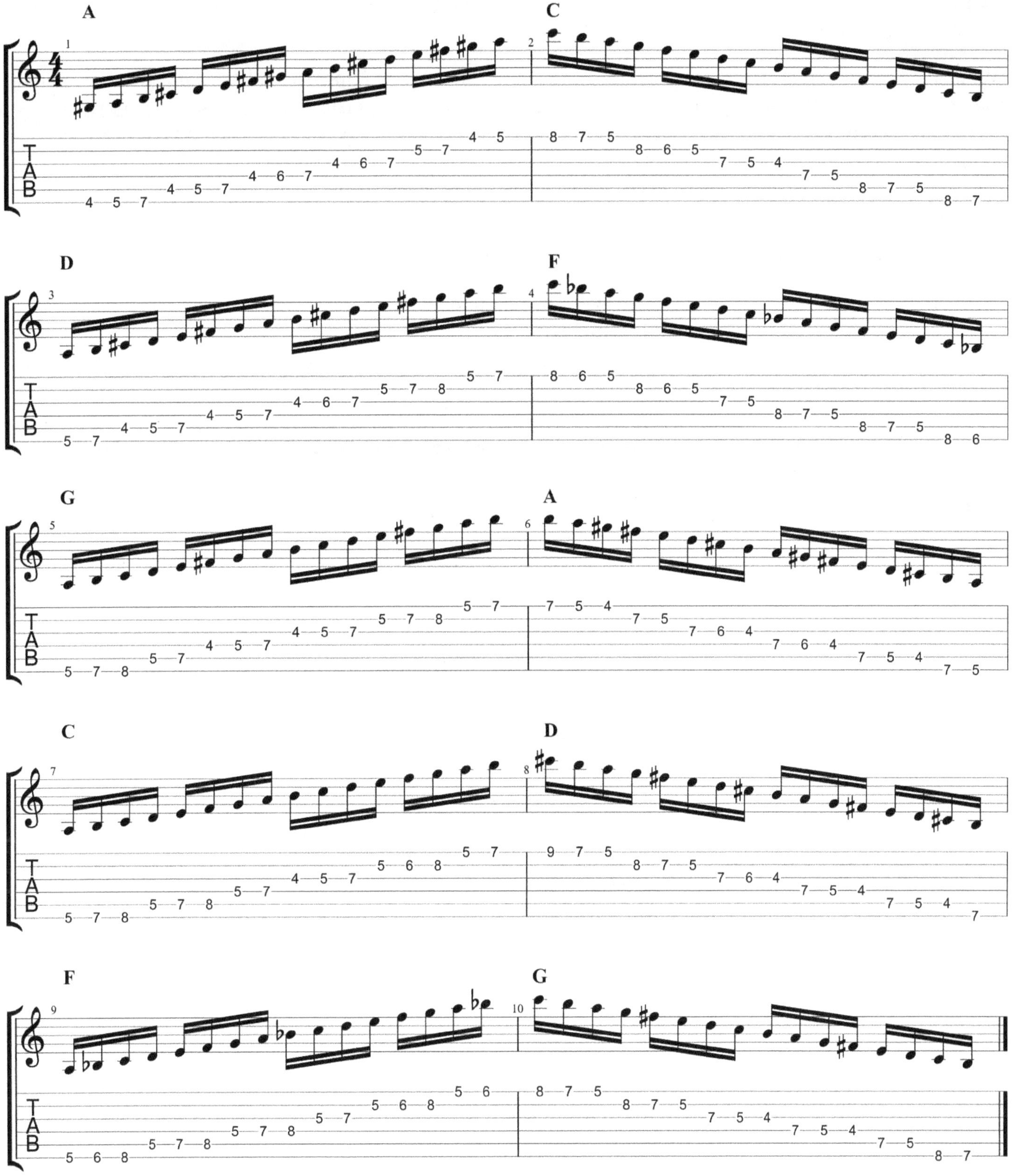

Kapitel 11: Alle Griffbrettpositionen

Wir haben uns die fünf Position der Durskala angesehen und den Anker-Akkord mit der Skalaform verbunden. Jetzt ist es an der Zeit das Griffbrett noch besser kennenzulernen. Das tun wir, indem wir die ACDFG-Übung in andere Positionen verschieben.

Wenn du dich im letzten Kapitel durchgebissen hast und genug Arbeit reingesteckt hast, sollte dieser Abschnitt recht klar und einfach sein. Wenn Schüler Probleme haben, liegt das meistens daran, dass sie nicht wissen, wo die Grundtöne auf dem Griffbrett liegen. Wenn du erst einmal den Grundton lokalisieren kannst, ist der Rest einfach:

- Finde den Grundton

- Bringe den Grundton der richtigen Akkordform mit dem gefundenen Grundton zur Deckung

- Visualisiere und spiele die Skala

Gehen wir das Griffbrett nach oben in eine andere Position und spielen ACDFG im Bereich zwischen VII. und X. Bund. Hier sind die Grundtöne der einzelnen Skalen:

7th to 10th fret

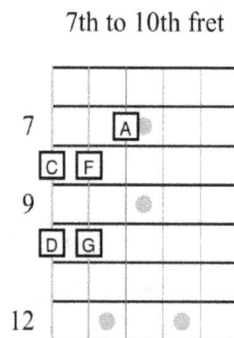

In dieser Position ist der Ton A auf der 4. Saite. Du solltest schnell sehen, dass die zweite Form der Durskala zu dieser Position passt:

A Major (Shape 2)

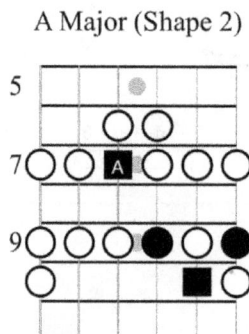

Wiederhole die einzelnen Schritte aus dem letzten Kapitel. Spiele den Anker-Akkord, spiele die Tonleiter aufwärts und abwärts vom tiefsten zum höchsten Ton und spiele dann den Anker-Akkord nochmal.

Wiederhole das Ganze mit den übrigen Tonarten, bevor du die einzelnen tonalen Zentren wie vorhin verbindest.

Für den Anfang findest du hier eine Darstellung der fünf Tonarten in dieser Position. Du solltest verstanden haben, dass jede Skalaform einen zugehörigen Akkord-Anker hat, dessen Grundton der Grundton der gewünschten Tonart ist.

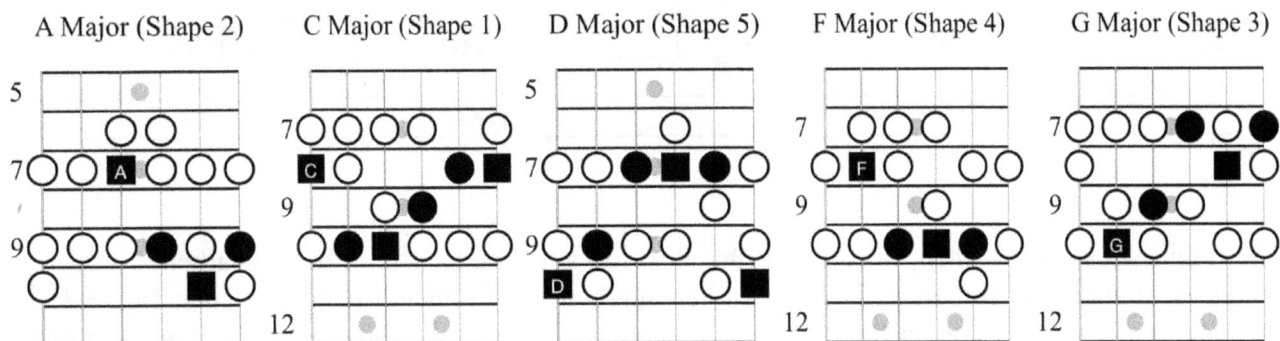

A Major (Shape 2)   C Major (Shape 1)   D Major (Shape 5)   F Major (Shape 4)   G Major (Shape 3)

Spiele die folgenden Übungen durch und verwende dabei die Skalaformen zwischen dem VII. und dem X. Bund.

Halte die Reihenfolge A-, C-, D-, F- und dann G-Dur ein

- Spiele den Akkord, spiele die Skala aufwärts und abwärts, spiele den Akkord. Sage den Akkordnamen laut

- Spiele den Akkord, spiele die Skala abwärts und dann aufwärts, spiele den Akkord. Sage den Akkordnamen laut

- *Visualisiere* den Akkord, spiele jede Skala aufwärts und abwärts

- *Visualisiere* den Akkord, spiele jede Skala abwärts und aufwärts

- Spiele die Skala in einer Form aufwärts und in einer anderen Form abwärts, z.B. aufwärts A-Dur, abwärts C-Dur, usw.

- Spiele die Skala in einer Form abwärts und in einer anderen Form aufwärts, z.B. abwärts A-Dur, aufwärts C-Dur, usw.

Arbeite mit einem Metronom, damit der Rhythmus stabil bleibt (vor allem beim Akkordwechsel) und werde dann schrittweise schneller.

Du wirst feststellen, dass du diese Formen immer schneller in neuen Position anwenden kannst. Wenn du dich mit den Grundtonlagen auf dem Griffbrett vertraut gemacht hast, wirst du schnell den entsprechenden Akkord wählen können und die Skala sofort um diesen Akkord herum bilden.

Probiere die ACDFG-Übungen alle paar Tage in einer neuen Position auf dem Griffbrett. Es gib fünf Griffbrettpositionen und die Grundtöne findest du an diesen Stellen.

5th to 8th fret	7th to 10th fret	10th to 13th fret	13th to 15th fret	3rd to 5th fret

Vielleicht dauert es ein bisschen, bis du alle fünf Position auf dem Griffbrett durchgearbeitet hast, aber du wirst bald recht zügig die Tonleitern in den Tonarten durchspielen können. Mach' das jeden Tag. Schließlich wirst du alle fünf Tonarten in allen fünf Position unter zwei Minuten schaffen (Sechzehntel auf Tempo 90)

Und schließlich (wenn du alle fünf Positionen auf dem Griffbrett sicher spielen kannst) kannst du *alle anderen* Tonarten verwenden. Wir haben mit den ACDFG-Sequenzen die Tonarten behandelt, die am häufigsten vorkommen. Aber in der Musik gibt es 12 Tonarten.

Wir müssen nur noch wissen, wo der gewünschte Grundton auf dem Griffbrett liegt und dann den entsprechenden Anker-Akkord dort platzieren. Hier sind die Töne auf den Basssaiten der Gitarre.

Noten auf den Basssaiten:

Notes on the Bass Strings

Teste hier mal dein Wissen! Antwort unten.

1. Welche Akkord-/Skalaform würdest du verwenden, wenn du B-Dur (dt. H-Dur) auf dem II. Bund spielen möchtest?[1]

2. Welche Akkord-/Skalaform würdest du verwenden, wenn du Bb-Dur zwischen dem VI. und dem VIII. Bund spielen möchtest?

---

[1] 1) Form 4. 2) Form 1. 3) Form 3. 4) Form 4. 5) Form 1. 6) Form 5.

3. Welche Akkord-/Skalaform würdest du verwenden, wenn du E-Dur zwischen dem V. und dem VII. Bund spielen möchtest?

4. Welche Akkord-/Skalaform würdest du verwenden, wenn du D#-Dur zwischen dem V. und dem VII. Bund spielen möchtest?

5. Welche Skalaform würdest du verwenden, um F#-Dur zwischen dem III. und dem VI. Bund zu spielen?

6. Welche Skalaform würdest du verwenden, um G#-Dur zwischen dem I. und dem IV. Bund zu spielen?

Lerne unbedingt die Töne auf den Basssaiten auswendig. Gehe zu Kapitel 9 für mehr Tipps, wie du das machen kannst.

Kapitel 12: Anwendung auf andere Tonleitern

Alle anderen Modi können wir, wie die Durtonleiter, mit den Akkord-Ankern meistern. Wir verwenden dieselben fünf Durskalaformen für jeden Modus der Durskala, aber wir betrachten jede Form in Verbindung mit einem anderen Anker-Akkord.

Wenn es für dich schwierig ist, das Konzept hinter den Modi zu verstehen, solltest du dir mein Buch Moderne Musiktheorie für E-Gitarre besorgen.

Dorisch wird normalerweise über einem m7-Groove gespielt und wir verbinden mit dem Klang von Dorisch eine entspannte, jazzige Stimmung. Dorisch ist der zweite Modus der Durskala und hat die Formel 1 2 b3 4 5 6 b7. Du solltest wissen, dass Dorisch erzeugt wird, wenn wir die Durskala auf der zweiten Note beginnen und alle Töne der Durskala durchspielen.

Wenn zum Beispiel die Quellskala C-Dur ist (C D E F G A B C), würde Dorisch auf dem zweiten Ton beginnen (D) und alle Töne von C-Dur beinhalten (D E F G A B C D).

Wichtig ist auch, dass jeder Modus von einer Quellskala abgeleitet wird, aber Musiker sich selten auf diese Quellskala beziehen. Stattdessen betrachten wir den dorischen Modus als eine eigenständige Skala mit ihrer eigenen Identität, Harmonie und Stimmung. Eigentlich enthält sie nur zufällig dieselben Töne, wie eine andere Durskala.

Wenn du die Töne D E F G A B C D auf deiner Gitarre spielst, stehen die Chancen gut, dass du sie einfach als C-Durtonleiter hörst. Das liegt daran, dass sehr lange viel Popmusik, aber auch klassische Musik, mit dieser Durskala komponiert wurde. Du wurdest regelrecht darauf „trainiert", dass diese Töne sich dein ganzes Leben lang zum Grundton der Durskala (in diesem Fall C) hin auflösen.

Wenn wir Modi verwenden geht es vor allem um Kontext. Das kannst du in den beiden folgenden Beispielen sehen.

Im ersten Beispiel werden die Töne von D-Dorisch abwärts über einen C-Durakkord gespielt. Du wirst hören, wie sich die Töne nach unten zur Tonika des Akkordes (C) auflösen wollen. Im zweiten Beispiel hörst du dieselben Töne über einem Dm7-Akkord. In diesem Beispiel wirst du hören, dass sich die Töne zur Tonika von D auflösen. Wie du hörst, ist die Stimmung der Musik in diesen beiden Beispielen sehr unterschiedlich.

Beispiel 12a:

Beispiel 12b:

Modi sind ein großes Thema und in diesem Buch gehe ich davon aus, dass du schon einige Erfahrung hast und verstehst, wie man sie verwendet. Wenn du Fragen hast, hol' dir Guitar Scales in Context (bis jetzt nur auf Englisch erschienen) und Moderne Theorie für E-Gitarre. Dort werden alle Modi und ihre Verwendung genau erklärt.

Du konntest in den letzten Beispielen schon hören, wie sehr der musikalische Kontext in einem Stück beeinflusst, wie wir Töne wahrnehmen. Dieselben Töne erzeugen ganz unterschiedliche Stimmungen, wenn sie über zwei verschiedenen Harmonien gehört werden; sogar schon in den einfachen Beispielen oben.

Am besten lernt man Skalen im Kontext. Deshalb ist es auch wichtig, sie mit Anker-Akkorden zu verbinden. Der Anker hilft dir, dich nicht nur die Form der Skala zu erinnern; er hilft dir auch die Skala richtig zu hören und zu fühlen.

Schauen wir uns jetzt an, wie wir dieses Konzept vom Anker-Akkord dazu verwenden können, den dorischen Modus zu lernen.

Dorisch ist ein Modus in Moll, wie man an seiner Formel oben sehen kann (1 2 b3 4 5 6 b7). Wenn die Tonika (der Grundton) harmonisiert wird, entsteht ein Mollseptakkord (1 b3 5 b7). Wenn wir diesen Mollseptakkord (m7) als Anker-Akkord verwenden, können wir Dorisch im Kontext hören.

Die erste Form von Dorisch in C kann so gespielt werden:

C Dorian Shape 1

Du wirst die Skalaform aus den letzten Kapiteln wiedererkennen. Aber, wie gesagt, sie ist nicht die zweite Form der Durskala, sondern die erste Form von Dorisch. Sie hat eine vollkommen neue Identität, einen neuen Klang und fühlt sich ganz anders an.

Lerne den dorischen Modus genau wie die Durskalaformen in den letzten Kapiteln. Spiele zuerst den Anker-Akkord und dann die Tonleiter aufwärts und abwärts.

Beispiel 12c: (C Dorisch Form 1)

Lerne nun jede Form in Verbindung mit ihrem Anker-Akkord in C. Du kannst Backing-Track Nr. 5 zur Unterstützung nehmen.

Beispiel 12d: (C Dorisch Form 2)

C Dorian Shape 2

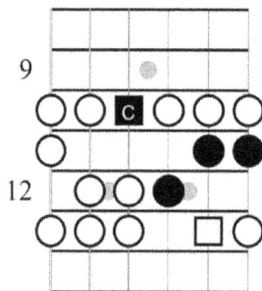

Beispiel 12e: (C Dorisch Form 3)

C Dorian Shape 3

Beispiel 12f: (C Dorisch Form 4)

C Dorian Shape 4

Beispiel 12g: (C Dorisch Form 5)

C Dorian Shape 5

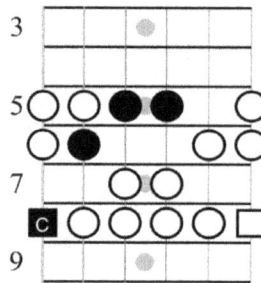

(shape 5)

Wiederhole die Übungen zur Durskala aus den Kapiteln 10 und 11 mit den dorischen Formen oben. Du kannst diese Übungen mit Backing-Track Nr. 5 spielen.

Als nächstes lernst du Dorisch in den Tonarten A, C, D, F und G in einer Griffbrettposition. Dadurch wirst du schnell den m7-Anker-Akkord mit der dorischen Skalaform verknüpfen und sie über das ganze Griffbrett spielen lernen. Denk' dran: Zuerst findest du den Grundton, dann spielst du den Anker-Akkord und schließlich die Tonleiter, während du den Anker-Akkord visualisierst.

In der Position zwischen dem V. und dem VIII. Bund wird Dorisch in A, C, D, F und G so gespielt:

A Dorian Shape 1   C Dorian Shape 5   D Dorian Shape 4   F Dorian Shape 3   G Dorian Shape 2

Beispiel 12h: (mit Anker-Akkord) Backing-Track Nr. 10.

Wiederhole diese Übung ohne die Akkorde, wenn du die Formen verinnerlicht hast. Visualisiere sie aber mit jeder Skala. Du kannst das mit Backing-Track 11 üben.

Arbeite auch die folgende Übungssequenz durch:

Die Reihenfolge ist A-, C-, D-, F- und dann G-Dorisch

- Spiele den Akkord, spiele die Skala aufwärts und abwärts, spiele den Akkord. Sage den Akkordnamen laut

- Spiele den Akkord, spiele die Skala abwärts und dann aufwärts, spiele den Akkord. Sage den Akkordnamen laut

- Visualisiere den Akkord, spiele jede Skala aufwärts und abwärts

- Visualisiere den Akkord, spiele jede Skala abwärts und aufwärts

- Spiele die Skala in einer Form aufwärts und in einer anderen Form abwärts, z.B. aufwärts A-Dorisch, abwärts C-Dorisch, usw.

- Spiele die Skala in einer Form abwärts und in einer anderen Form aufwärts, z.B. abwärts A-Dorisch, aufwärts C-Dorisch, usw.

Arbeite mit einem Metronom, damit der Rhythmus stabil bleibt (vor allem beim Akkordwechsel) und werde dann schrittweise schneller.

Probiere die ACDFG-Übungen alle paar Tage in einer neuen Position auf dem Griffbrett. Wenn du Kapitel 11 durchgearbeitet hast, wirst du mit den Grundtonpositionen der anderen Töne vertrauter sein. Wenn du nochmal nachsehen musst, kannst du das auf Seite 98 tun. Du findest dort alle Grundtonpositionen.

Hier sind für den Anfang die Tonleitern in A-, C-, D-, F- und G-Dorisch zwischen dem VII. und dem X. Bund.

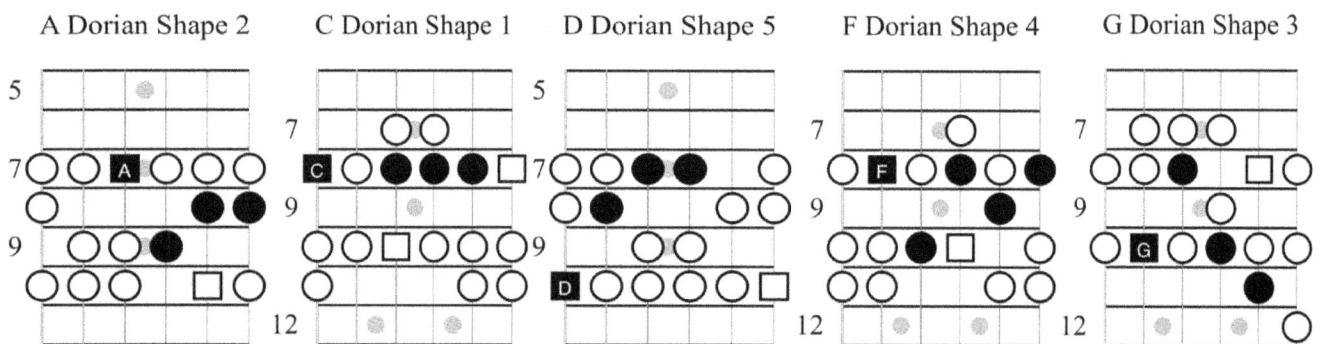

A Dorian Shape 2   C Dorian Shape 1   D Dorian Shape 5   F Dorian Shape 4   G Dorian Shape 3

Denk' dran, es geht beim Auswendig Lernen dieser Formen eigentlich darum, die Skalaform mit einem Akkord zu verknüpfen. Erst dann platzierst du den Akkord an der entsprechenden Stelle auf dem Griffbrett in der gewünschten Tonart.

Damit du Dorisch noch mehr verinnerlichst, nimm dir melodische Sequenzen aus Kapitel 1 und spiele sie mit den ACDFG-Übungen in jeder Position. Du kannst auch Intervalle, Dreiklänge und Arpeggios üben, wenn du sicherer geworden bist. Verwende dafür Backing-Track Nr. 10.

Kapitel 13: Warum Modi anders klingen

Du hast gesehen, dass jeder Modus der Durskala überall auf dem Griffbrett mit nur fünf Formen gespielt werden kann. Das Wichtigste ist, dass du verstehst, wie ein Akkord im Hintergrund unser Hören von Einzeltönen (einer Skala) beeinflusst.

Normalerweise hören wir die Intervalle einer Skala im Kontext des Akkordes, der gerade gespielt wird. Deshalb hat du in den Beispielen 12a und 12b genau dieselben Töne als unterschiedliche Skalen gehört. Die Töne C D E F G A B C wurden vor einem starken C-Durakkord als C-Durtonleiter gehört. Vor einem starken Dm7-Akkord, haben wir sie als D-Dorisch gehört.

Unser Gehör organisiert letztendlich die Intervalle der Skala in Bezug zum tiefsten Ton des Akkordes, der gerade gespielt wird. Weil sich das Intervallmuster der Durskala von dem Muster des dorischen Modus unterscheidet, fühlen sich die beiden Skalen *sehr* unterschiedlich an.

Ohne hier zu sehr in einen Theoriediskurs abzugleiten, möchte ich sagen, dass die Durskala die Durterz (zwei Ganztöne) zwischen dem ersten und dem dritten Ton (C bis E) hat. Wenn wir die Töne der C-Durskala über einen C-Durakkord spielen, hören wir den Ton C als Grundton der Skala und organisieren die Einzeltöne der Skala auf diesem Punkt aufbauend. Wenn wir die Durterz zwischen C und E hören, fühlen wir, wie die Musik triumphal und glücklich (eben nach Dur) klingt.

Obwohl die Skala von D-Dorisch die gleichen Töne enthält, wie C-Dur, spielen wir D-Dorisch über einem Dm oder Dm7. Unser Gehör organisiert die Töne im Kontext des Dm7-Akkordes und wir hören sie anders.

In Dorisch haben wir nur eineinhalb Ganztöne Abstand zwischen dem Grundton und der Terz (D bis F). Diese Distanz heißt *Mollterz* und fühlt sich vollkommen anders an, als die Durterz in C-Dur. Einfach gesagt: Mollterzen fühlen sich traurig an, sind also das komplette Gegenteil von Durterzen.

Wenn wir die Töne C D E F G A B C über einem C-Durakkord spielen, organisieren wir unbewusst die Skala auf der Basis des Grundtons C und hören die Intervalle der Skala in Relation zu diesem Grundton C.

Wenn wir die Töne C D E F G A B C über einem D-Mollakkord spielen, organisieren wir unbewusst die Skala auf der Basis des Grundtons D und hören die Intervalle der Skala in Relation zu diesem Grundton D.

Weil das Intervallmuster zwischen C und C zu dem Muster zwischen D und D unterscheidet, hören sich dieselben Töne anders an und fühlen sich auch anders an.

Die Durterz in Dur und die Mollterz in Dorisch sind nicht die einzigen Unterschiede zwischen diesen beiden Skalen. Tatsächlich enthält jede Skala unterschiedliche Intervalle.

Damit wir die Unterschiede in Skalen deutlich sehen können, vergleichen Musiker die Struktur (Schrittmuster) einer Skala mit der Struktur der Durskala. Die Durskala ist der wichtigste Bestandteil der meisten Musik und wird deshalb als gute „Basis" betrachtet und als Referenzpunkt verwendet.

Die Distanz von einem Ton zum Nächsten definiert die Skalastruktur, wie zum Beispiel C nach D, D nach E, E nach F, usw. Der Abstand von C nach D ist ein Ganzton (zwei Bünde auf der Gitarre), aber der Abstand zwischen E und F ist nur ein Halbton (ein Bund auf der Gitarre). In jeder Durskala finden wir immer dieses Muster:

Ganzton, Ganzton, Halbton, Ganzton, Ganzton, Halbton.

Das Muster ist sozusagen die DNA der Skala. Wenn dieses Muster sich verändert, spielen wir nicht mehr die

Durskala.

Ich habe bereits erwähnt, dass die Durskala ein wichtiger Bestandteil jeder Art von Musik ist. Deshalb wird das Muster der Durskala mit dieser Formel bezeichnet:

1 2 3 4 5 6 7.

Wir haben damit einen „Standard" zu dem wir die Charakteristika der verschiedenen Skalen vergleichen können.

Du erinnerst dich, dass D-Dorisch auf dem zweiten Ton der C-Durskala beginnt. Der Abstand von D nach E ist ein Ganzton, aber der Abstand von E nach F ist ein Halbton. Wir haben uns damit bereits vom Muster der Durskala entfernt. Du hast auf der letzten Seite gesehen, dass es mit „Ganzton Ganzton" beginnt.

Dorisch hat sogar zwei Töne, die sich von der Durskala unterscheiden. Die zugehörige Formel ist

1 2 b3 4 5 6 b7.

Phrygisch hat vier Töne, die sich von der Durskala unterscheiden Die Formel ist

1 b2 b3 4 5 b6 b7.

Diese verschiedenen Formeln, die durch verschiedene Muster von Ganztönen und Halbtönen entstehen, sind der Grund, warum alle Modi unterschiedliche musikalische Charaktere haben.

Am besten sieht man diese Unterschiede, indem man sich die Einzeltöne des Modus über demselben Grundton ansieht.

Skala	Formel	Töne
C-Dur	1 2 3 4 5 6 7	C D E F G A H
C-Dorisch	1 2 b3 4 5 6 b7	C D Eb F G A Bb C
C-Phrygisch	1 b2 b3 4 5 b6 b7	C Db Eb F G Ab Bb

Wegen der b3 werden Dorisch und Phrygisch als Moll-Modi bezeichnet. Sie klingen etwas trauriger, wenn sie im entsprechenden Kontext gespielt werden. Die Durskala hat eine natürliche Terz, auch „Durterz", die ein fröhliches, triumphales Gefühl erzeugt.

Jeder Modus enthält verschiedene Variationen der Durskalaformel und diese Variationen erzeugen einzigartige musikalische Klänge. Eine Sache, die du aus dieser ganzen Ausführung mitnehmen solltest ist Folgende: Musik ist sehr manipulativ. Wenn du einen Film oder eine Fernsehserie mit einem anderen Soundtrack ansiehst, kann das die Bedeutung einer Szene vollkommen verändern. Hollywood-Filme oder Filme von Disney „sagen" dir oft durch die Musik, wie du dich fühlen, oder wofür du eine Figur auf der Leinwand halten sollst. Versuche mal den Ton bei deinem Fernsehen abzustellen und spiele dann lustige Musik, während du dir einen Actionstreifen ansiehst. Er wird vollkommen anders auf dich wirken.

Wenn man ein Publikum in einem fiktiven Film mit Musik manipuliert ist das eine Sache. Aber es ist ziemlich besorgniserregend, wie „seriöse" Nachrichtensender ihr Publikum mit subtiler Musik manipulieren, so dass die Zuschauer Ereignisse auf eine bestimme Art wahrnehmen oder bewerten und eine ganz bestimmte Agenda bestärkt werden soll.

Kapitel 13: Alle Tonleitern und Modi

Auf den folgenden Seiten findest du die wichtigsten Skalen und Modi, die du als moderner Gitarrist kennen solltest. Sie werden in der Tonart C jeweils in fünf Formen, zusammen mit den entsprechenden Anker-Akkorden gezeigt. Lerne alle fünf Formen selbstständig auch für die tonalen Zentren A, C, D, F und G in allen fünf Positionen auf der Gitarre.

Das wird seine Zeit dauern. Ich würde also vorschlagen, dass du nur jeweils eine Skala in Angriff nimmst und versuchst, diese in allen fünf Tonarten und allen fünf Positionen über eine Woche hinweg zu meistern. Fange mit den Skalaformen und deren Anker-Akkorde auf dem ganzen Griffbrett in C an und benutze dafür die Übungen aus Kapitel 10 und 11. Verwende auch die Backing-Tracks, die ich in jedem Kapitel empfehle. Sie werden dir helfen, den Klang und das Gefühl in jedem Modus zu hören.

Wenn du mit diesen Formen in C sicher geworden bist, gehe weiter zu den ACDFG-Übungen aus Kapitel 11 und 12. Arbeite an einer Position pro Tag und beginne jeden Tag mit einer neuen Position, bevor du die Übungen vom Vortag wiederholst. Die Übemethode kennst du ja schon:

Halte die Reihenfolge A, C, D, F und dann G ein,

- Spiele den Akkord, spiele die Skala aufwärts und abwärts, spiele den Akkord. Sage den Akkordnamen laut

- Spiele den Akkord, spiele die Skala abwärts und dann aufwärts, spiele den Akkord. Sage den Akkordnamen laut

- *Visualisiere* den Akkord, spiele jede Skala aufwärts und abwärts

- *Visualisiere* den Akkord, spiele jede Skala abwärts und aufwärts

- Spiele eine Form aufwärts und dann die nächste Form abwärts

- Spiele eine Form abwärts und die nächste Form aufwärts

Arbeite mit einem Metronom, damit der Rhythmus stabil bleibt (vor allem beim Akkordwechsel) und werde dann schrittweise schneller.

Am meisten Zeit kostet es Schüler, wenn sie nicht wissen, wo die Grundtöne in jeder Position sind. Lerne die Grundtöne auf jeden Fall auswendig, bevor du dich in die Übungen stürzt.

Diese Übungen sind ein großes Unterfangen, aber du wirst dich an ihnen als Musiker extrem verbessern. Denk dran, dass du nur eine gewisse Kapazität für neues Wissen pro Durchgang hast und verlier' bei allem Auswendig Lernen nicht das eigentliche Ziel aus den Augen:

Mach' Musik!

Wenn du dich mit den ACDFG-Skalen in einer Position wohl fühlst, versuche mit jeder Skala eine Melodie auf jedem Akkord zu spielen, statt nur die Skala aufwärts und abwärts. Wenn du den Backing-Track in jedem Kapitel verwendest, der alle zwei Takte die Harmonie wechselt, spiele immer beim Akkordwechsel kurze Melodielinien in der richtigen Tonart. Diese Übung ist ziemlich schwierig, weil du deine Melodien von der

Mitte der Skala aus spielen sollst, statt von oben oder von unten.

Fange zunächst an irgendeinem Punkt in der Skala an und schreibe kurze Licks, die auf unterschiedlichen Tönen des Anker-Akkordes beginnen. Wenn der Harmoniewechsel kommt, spiele schnell den Anker-Akkord und starte deinen Lick von einem der Töne im Akkord. Lass' dann zunehmend die Anker-Akkorde weg.

Du musst das alles nicht sofort können. Wenn du den folgenden Abschnitt einige Wochen oder Monate durchgearbeitet hast, solltest du dein Griffbrett in- und auswendig kennen.

*Die Skalen, die Priorität haben, sind mit einem * gekennzeichnet, so dass du dein Übeprogramm besser organisieren kannst.*

Der Phrygische Modus

Formel 1 b2 b3 4 5 b6 b7

Phrygisch klingt dunkel und hat spanische Flamenco-Anklänge, was diesen Modus bei Spielern, wie Chick Corea und Al Di Meola sehr beliebt macht. Er wird oft in Heavy Rock verwendet und du kannst ihn in vielen Song von Metallica hören.

Der Phrygische Modus ist identisch zum Äolischen Modus, außer, dass er eine b2 enthält. Die b2 ist auch für den spanischen Klang verantwortlich.

Du kannst die ACDFG-Übung mit den folgenden Backing-Tracks üben:

Backing-Track Nr. 10: Vier Takte pro Akkord (Spiele den Akkord, spiele jede Skala aufwärts und abwärts, spiele den Akkord).

Backing-Track Nr. 11: Zwei Takte pro Akkord (Jede Skala aufwärts und abwärts).

Backing-Track Nr. 12: Einen Takt pro Akkord (spiele eine Skala aufwärts, die nächste Skala abwärts).

Der Lydische Modus*

Formel 1 2 3 #4 5 6 7

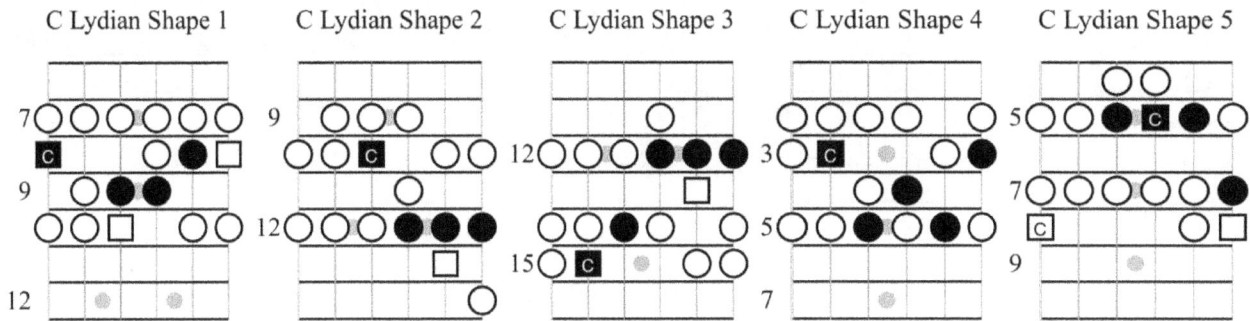

C Lydian Shape 1   C Lydian Shape 2   C Lydian Shape 3   C Lydian Shape 4   C Lydian Shape 5

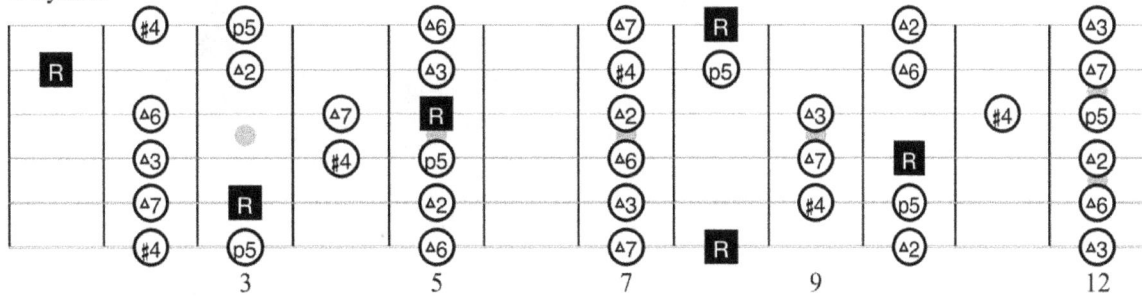

C Lydian

Lydisch klingt nach Dur. Aber es gibt einen großen Unterschied zur traditionelle Durskala: die 4. Stufe der Skala ist um einen Halbton erhöht. Die kleine Veränderung erzeugt einen Klang der „nicht von dieser Welt" scheint. Er wurde von großartigen und vielseitigen Musikern wie Frank Zappa und Danny Elfman benutzt.

Du kannst die ACDFG-Übung mit den folgenden Backing-Tracks üben:

Backing-Track Nr. 7: Vier Takte pro Akkord (Spiele den Akkord, spiele jede Skala aufwärts und abwärts, spiele den Akkord).

Backing-Track Nr. 8: Zwei Takte pro Akkord (Jede Skala aufwärts und abwärts).

Backing-Track Nr. 9: Einen Takt pro Akkord (spiele eine Skala aufwärts, die nächste Skala abwärts).

Der Mixolydische Modus*

Formel 1 2 3 4 5 6 b7

C Mixolydian Shape 1   C Mixolydian Shape 2   C Mixolydian Shape 3   C Mixolydian Shape 4   C Mixolydian Shape 5

C Mixolydian

Mixolydisch wird sehr häufig mit der Durskala und der Pentatonik kombiniert. Man kann diesen Modus regelmäßig in Blues, Rock und Country-Musik bei Gitarrensolos hören. Derek Trucks, the Allman Brothers und Stevie Ray Vaughan haben Mixolydisch sehr oft verwendet. Wenn du dir einen 12-taktigen Blues anhörst und die Stimmung auf einmal von Moll nach Dur geht, liegt das oft daran, dass an dieser Stelle die Durpentatonik oder Mixolydisch verwendet wurde.

Mixolydisch ist identisch mit der Durskala, aber enthält die b7, die das Strahlen der Durskala etwas abmindert. Durch diese „gedeckte Farbe" der Durskala, passt Mixolydisch sehr gut zu schnellem Rock und Blues.

Du kannst die ACDFG-Übung mit den folgenden Backing-Tracks üben:

Backing-Track Nr. 13: Zwei Takte pro Akkord.

Backing-Track Nr. 14: Zwei Takte pro Akkord.

Backing-Track Nr. 15: Ein Takt pro Akkord.

Der Äolische Modus oder das Natürliche Moll*

Formel 1 2 b3 4 5 b6 b7

C Aeolian Shape 1   C Aeolian Shape 2   C Aeolian Shape 3   C Aeolian Shape 4   C Aeolian Shape 5

C Aeolian

Äolisch ist wahrscheinlich der Modus der im Heavy Rock und Metal am meisten verwendet wird. Durch die b3 wird dieser Modus als Mollmodus definiert. Aber die zusätzliche b6 macht den Klang dunkler und schwerer als bei Dorisch.

Äolisch wird oft im Jazz-Blues-Stücken in Moll verwendet.

Aber auch moderne Rocksongs verwenden oft Äolisch. Ein klassisches Beispiel wäre Empty Rooms by Gary Moore.

Du kannst die ACDFG-Übung mit den folgenden Backing-Tracks üben:

Backing-Track Nr. 10: Vier Takte pro Akkord (Spiele den Akkord, spiele jede Skala aufwärts und abwärts, spiele den Akkord).

Backing-Track Nr. 11: Zwei Takte pro Akkord (Jede Skala aufwärts und abwärts).

Backing-Track Nr. 12: Einen Takt pro Akkord (spiele eine Skala aufwärts, die nächste Skala abwärts).

Der Lokrische Modus

Formel 1 b2 b3 4 b5 b6 b7

C Locrian Shape 1   C Locrian Shape 2   C Locrian Shape 3   C Locrian Shape 4   C Locrian Shape 5

C Locrian

Lokrisch wird im Pop selten verwendet, aber kommt im Death Metal und härteren Solos oft vor. Unerwarteter Weise gehört Lokrisch zu den am meisten verwendeten Modi im Jazz und wird oft über einem m7b5-Akkord gespielt.

Jeder Ton der Lokrischen Skala, abgesehen von der 4, ist erniedrigt. Sie ist also fast so weit von der Durskala entfernt, wie das überhaupt möglich ist. Allerdings ist unser Gehör so sehr an Melodien und Harmonien gewöhnt, dass wir uns unterbewusst Akkordfolgen so „zurechthören", dass wir sie als Progressionen der Durskala wahrnehmen.

Im Heavy Metal wird Lokrisch oft über Powerchords mit einer b5 gespielt, so dass die Harmonie einfach bleibt und die Melodie der Skala das tonale Zentrum definiert.

Du kannst die ACDFG-Übung mit den folgenden Backing-Tracks üben:

Backing-Track Nr. 16: Vier Takte pro Akkord.

Backing-Track Nr. 17: Zwei Takte pro Akkord.

Backing-Track Nr. 18: Ein Takt pro Akkord.

Die Mollpentatonikskala*

Formel 1 b3 4 5 b7

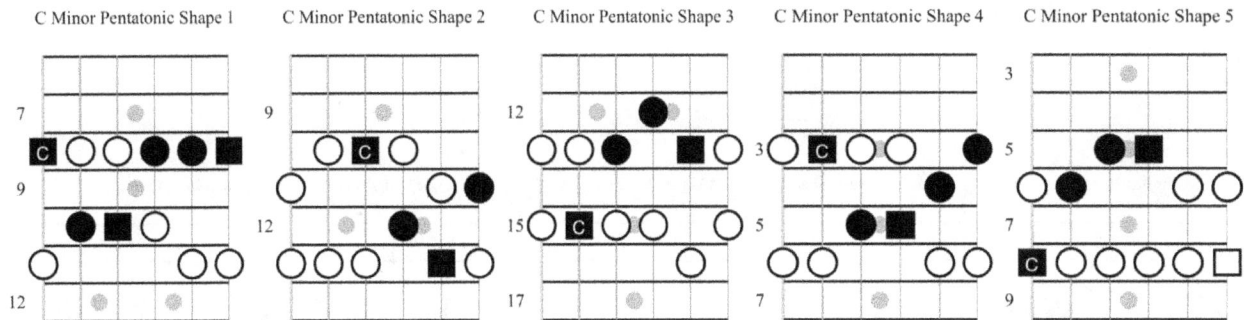

C Minor Pentatonic Shape 1   C Minor Pentatonic Shape 2   C Minor Pentatonic Shape 3   C Minor Pentatonic Shape 4   C Minor Pentatonic Shape 5

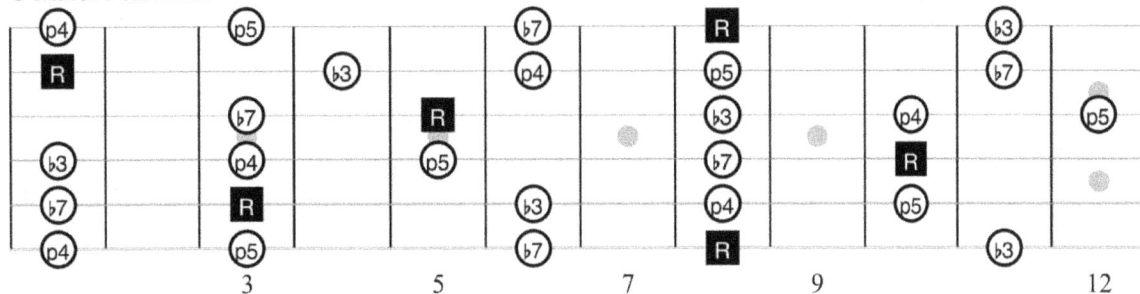

C Minor Pentatonic

Die Mollpentatonik, auch Bluesskala genannt, ist die Skala, die in der modernen E-Gitarrenmusik allgegenwärtig ist. Ich würde schätzen, dass über 80% der klassischen Rocksolos auf diesem wichtigen Klang aufgebaut sind.

Die Mollpentatonikskala ist normalerweise die erste Tonleiter, die Anfängergitarristen lernen, und das ist auch gut so. Sie ist sofort anwendbar, einfach zu spielen und ebnet den Weg zu einigen klassischen Licks, die wirklich jeder kennt.

Eigentlich verkörpert die Mollpentatonikskala den Klang von Blues und Rock. Sie kann über Dur- und Molltonarten gespielt werden und ist extrem vielseitig.

Die Bluesskala wird gebildet, indem man eine zusätzliche b5 zur Standardpentatonik hinzufügt. Die zusätzliche b5 oder „Bluesnote" gibt dem ganz einen Blues-Sound, wie man vom Namen her schon zurecht vermutet.

Die Mollpentatonikskala wird buchstäblich von jedem irgendwann einmal gespielt. Es ist also sinnlos Musiker aufzulisten, deren Markenzeichen sie ist. Lightnin' Hopkins, Jimi Hendrix, Jimmy Page, Eric Johnson und Paul Gilbert haben die Mollpentatonik alle unterschiedlich behandelt und sind deshalb großartige Beispiele für die vielseitige Verwendung der Skala.

Du kannst die ACDFG-Übung mit den folgenden Backing-Tracks üben:

Backing-Track Nr. 10: Vier Takte pro Akkord (Spiele den Akkord, spiele jede Skala aufwärts und abwärts, spiele den Akkord).

Backing-Track Nr. 11: Zwei Takte pro Akkord (Jede Skala aufwärts und abwärts).

Backing-Track Nr. 12: Einen Takt pro Akkord (spiele eine Skala aufwärts, die nächste Skala abwärts).

Verändere bei Pentatonikskalen den Rhythmus dieser Übungen und spiele Triolen statt Sechzehntel.

Die Durpentatonikskala*

Formel 1 2 3 5 6

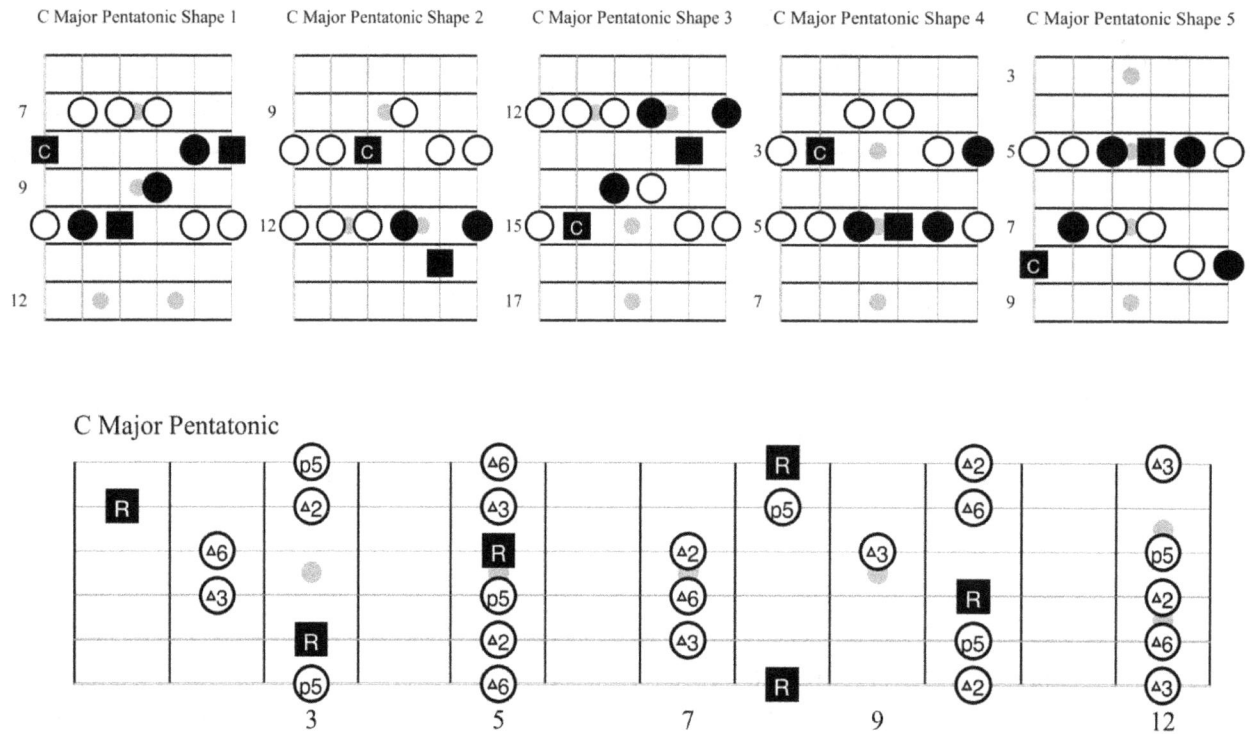

Die Durpentatonik wird in moderner Musik beinahe so häufig verwendet, wir ihre kleine Schwester, die Mollpentatonik. Sie klingt allerdings deutlich heller und nicht so rau und wird oft mit der Mollpentatonik zusammen verwendet, um der Musik einen erhebenden Charakter zu geben.

Die Fingersätze der Dur- und Mollpentatonik sind identisch. Die Bluesskala in Dur wird oft als „dasselbe" betrachtet, wie die Mollpentatonikskala; nur drei Bünde weiter unten.

Stevie Ray Vaughan und Jimi Hendrix waren Meister im Kombinieren der Dur- und Mollpentatonikskalen und haben damit großartige und emotional komplexe Solos gespielt.

Du kannst die ACDFG-Übung mit den folgenden Backing-Tracks üben:

Backing-Track Nr. 7: Vier Takte pro Akkord (Spiele den Akkord, spiele jede Skala aufwärts und abwärts, spiele den Akkord).

Backing-Track Nr. 8: Zwei Takte pro Akkord (Jede Skala aufwärts und abwärts).

Backing-Track Nr. 9: Einen Takt pro Akkord (spiele eine Skala aufwärts, die nächste Skala abwärts).

Verändere bei Pentatonikskalen den Rhythmus dieser Übungen und spiele Triolen statt Sechzehntel.

Die Melodische Mollskala*

Formel 1 2 b3 4 5 6 7

Die melodische Mollskala ist eine der Mollskalen, die in der klassischen Musik und im Jazz am meisten verwendet werden. Sie hat einen reichen, tiefen Klang, der die Grenzen von verschiedenen Stilrichtungen überwindet. Die Version der melodischen Mollskala in diesem Buch sollte eigentlich besser als „Jazz"-Mollskala oder Ionisch-b3 bezeichnet werden. Eine echte traditionelle melodische Mollskala aus der klassischen Musik ändert nämlich ihre Form je nachdem, ob sie aufwärts oder abwärts gespielt wird.

Die klassische Version des melodischen Moll wird, wie oben gezeigt, aufwärts gespielt. Wenn sie aber abwärts gespielt wird, verwendet man Äolisch. Die meisten modernen Musiker unterscheiden nicht zwischen der aufsteigenden und der absteigenden Version vom melodischen Moll und spielen die Patterns oben sowohl aufwärts, als auch abwärts.

Wie ich bereits erwähnt habe, kann die melodische Mollskala in diesem Kontext besser als Ionisch-b3-Skala bezeichnet werden; sie ist mit Ionisch (Dur) identisch, abgesehen von der b3 statt der großen Durterz.

Du kannst die ACDFG-Übung mit den folgenden Backing-Tracks üben:

Backing-Track Nr. 10: Vier Takte pro Akkord (Spiele den Akkord, spiele jede Skala aufwärts und abwärts, spiele den Akkord).

Backing-Track Nr. 11: Zwei Takte pro Akkord (Jede Skala aufwärts und abwärts).

Backing-Track Nr. 12: Einen Takt pro Akkord (spiele eine Skala aufwärts, die nächste Skala abwärts).

Der Lydisch Dominante Modus

Formel 1 2 3 #4 5 6 b7

C Lydian Dominant Shape 1 · C Lydian Dominant Shape 2 · C Lydian Dominant Shape 3 · C Lydian Dominant Shape 4 · C Lydian Dominant Shape 5

C Lydian Dominant

Der Lydisch Dominante Modus wird im Jazz und Fusion sehr häufig verwendet. Die Skala ist so ähnlich konstruiert, wie Mixolydisch, hat aber eine erhöhte 4. Stufe. Normalerweise wird sie über Dominantseptakkorde verwendet und die meisten Musiker sehen die #4 eher als b5, wodurch die Skala der Bluesskala ähnlicher wird. Genau aus diesem Grund werden auch Mixolydisch und Dominantes Lydisch oft sehr frei mit der Bluesskala kombiniert.

Dominantes Lydisch wird sowohl auf statischen, als auch funktionalen (sich auflösenden) Dominantseptakkorden verwendet und bildet eine großartige Brücke zwischen traditionellen und jazzigem Blues.

Du kannst die ACDFG-Übung mit den folgenden Backing-Tracks üben:

Backing-Track Nr. 13: Zwei Takte pro Akkord.

Backing-Track Nr. 14: Zwei Takte pro Akkord.

Backing-Track Nr. 15: Ein Takt pro Akkord.

Die Alterierte Skala

Formel: 1 b2 #2 3 b5 #5 b7 (Normalerweise als 1 b9 #9 3 b5 #5 b7 betrachtet)

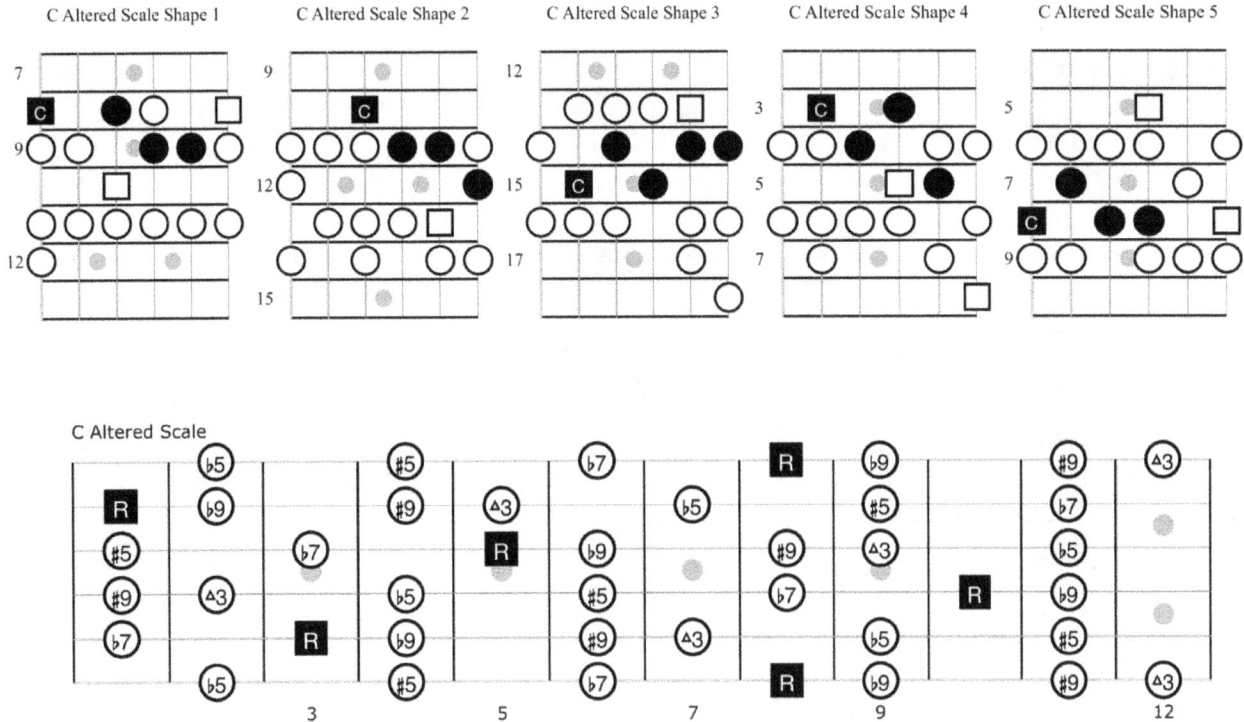

C Altered Scale Shape 1 | C Altered Scale Shape 2 | C Altered Scale Shape 3 | C Altered Scale Shape 4 | C Altered Scale Shape 5

C Altered Scale

Diese Skala ist definitiv vor allem was für echte Jazzer. Der Alterierte oder „Super-Lokrische" Modus umfasst sowohl den Grundton, als auch die Guide Tones eines Dominantseptakkordes (1, 3 und b7); und außerdem *jede* mögliche chromatische Alteration des Dominantseptakkordes (b9, #9, b5 und #5). Sie eignet sich dadurch perfekt für Improvisationen über einer alterierten Dominante, die sich zur Tonika der Tonart auflöst, wie zum Beispiel:

C7#5b9 - Fm7

Theoretisch könnte man sagen, dass sie besser passt, wenn die Dominante sich zu einer Molltonika auflöst. Allerdings wird sie auch häufig verwendet, wenn die Dominante sich zu einem Durakkord auflöst.

Wichtig ist auch, dass die Alterierte Skala keine natürlich 5. Stufe enthält. Das verleiht ihr einen extrem ruhelosen klang, aber das kann auf funktionalen Dominanten wunderbar klingen.

Die Skala wird oft Super-Lokrisch genannt, weil sie identisch zu Lokrisch ist, aber eine b4 (Durterz) enthält. Deshalb funktioniert die Alterierte Skala ganz anders, wird als Durmodus betrachtet und über dominantischen Akkorden verwendet.

Die Alterierte Skala kann über statischen alterierten Dominanten, wie in den folgenden Progressionen verwendet werden. Und obwohl es schön ist, sie zu üben und ihren einzigartigen Klang kennenzulernen, wird sie in diesem Kontext musikalisch eher selten verwendet.

Du kannst die ACDFG-Übung mit den folgenden Backing-Tracks üben:

Backing-Track Nr. 19: Vier Takte pro Akkord.

Backing-Track Nr. 20: Zwei Takte pro Akkord.

Backing-Track Nr. 21: Ein Takt pro Akkord.

Die Harmonische Mollskala*

Formel 1 2 b3 4 5 b6 7

C Harmonic Minor Shape 1   C Harmonic Minor Shape 2   C Harmonic Minor Shape 3   C Harmonic Minor Shape 4   C Harmonic Minor Shape 5

C Harmonic Minor

Die harmonische Mollskala kann heutzutage etwas altmodisch klingen. Wenn du sie aber sparsam verwendest, kann sie Tiefe und Intelligenz in deine Solos bringen.

Die harmonische Mollskala hat ein charakteristisches Intervall von 1 1/2 Ganztönen zwischen der b6 und der Septim. Dieser Sprung klingt in unseren Ohren sofort Arabisch bzw. fernöstlich. Dieser Sprung von der b6 zur C (Ab nach B in der Tonart C) klingt in unseren Ohren sofort Arabisch bzw. fernöstlich.

In der klassischen Musik ist die harmonische Mollskala traditionellerweise die Basis für Harmonien und Akkordstrukturen in Moll (daher auch der Name). Stücke in Durtonarten bilden ihre Akkorde normalerweise aus der Durskala, während Musik in Molltonarten seine Akkorde aus der harmonisierten harmonischen Mollskala bezieht.

Du kannst die ACDFG-Übung mit den folgenden Backing-Tracks üben:

Backing-Track Nr. 10: Vier Takte pro Akkord (Spiele den Akkord, spiele jede Skala aufwärts und abwärts, spiele den Akkord).

Backing-Track Nr. 11: Zwei Takte pro Akkord (Jede Skala aufwärts und abwärts).

Backing-Track Nr. 12: Einen Takt pro Akkord (spiele eine Skala aufwärts, die nächste Skala abwärts).

Der Phrygisch Dominante Modus

Formel 1 b2 3 4 5 b6 b7

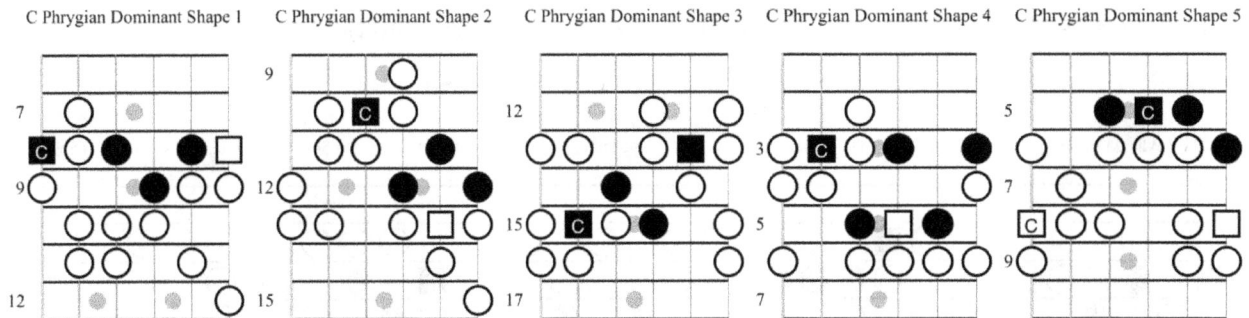

C Phrygian Dominant Shape 1 C Phrygian Dominant Shape 2 C Phrygian Dominant Shape 3 C Phrygian Dominant Shape 4 C Phrygian Dominant Shape 5

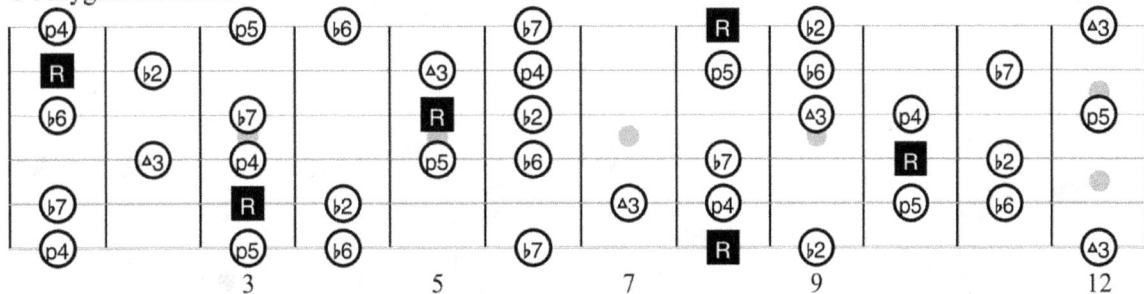

C Phrygian Dominant

Die Phrygisch Dominante Skala ist sowohl im Jazz, als auch im Rock extrem beliebt. Sie klingt irgendwie Spanisch und nach Gypsy-Musik, wodurch man sie leicht wiedererkennen kann.

Viele Leute würde sagen, dass der Phrygisch Dominante Modus die Basis für die meisten Stücke im Flamenco bildet.

Im Rock wurde sie für allem von Rush und Metallica viel verwendet. Auch im berühmten „Pick Tapping"-Abschnitt von Joe Satriani's *Surfing with the Alien* (1:09) findet dieser Modus Verwendung.

Der Phrygisch Dominante Modus gehört auch zu den Lieblingsmodi verschiedener neoklassischer Rockgitarristen, wie Yngwie Malmsteen, weil die drei Halbtöne zwischen der b2 und der Durterz sofort sehr stark an klassische Musik erinnern.

Im Jazz wird Dominant Phrygisch oft in ii-v-i-Verbindungen in Moll verwendet. Wenn er über einer funktionalen (sich auflösenden) Dominante gespielt wird, haben phrygisch dominante Melodien eine starke Auflösungstendenz zur Molltonika, weil die b6 des Phrygisch Dominanten Modus zur Mollterz der Tonika wird.

Du kannst die ACDFG-Übung mit den folgenden Backing-Tracks üben:

Backing-Track Nr. 19: Vier Takte pro Akkord.

Backing-Track Nr. 20: Zwei Takte pro Akkord.

Backing-Track Nr. 21: Ein Takt pro Akkord.

Die (Verminderte) Halbton-Ganztonleiter

Formel 1 b2 #2 3 #4 5 6 b7 (Normalerweise als 1 b9 #9 3 b5 5 b7 betrachtet)

C Half Whole Dim Shape 1   C Half Whole Dim Shape 2   C Half Whole Dim Shape 3   C Half Whole Dim Shape 4   C Half Whole Dim Shape 5

C Half Whole Diminished

Synthetische Skalen sind Tonleitern, die nicht „natürlich" in einem modalen System vorkommen; sie werden durch die Wiederholung eines (synthetischen) Musters von Ganz- und Halbtönen konstruiert.

Die verminderte Halbton-Ganztonleiter, zum Beispiel, wird aus dem Muster *Halbton, Ganzton, Halbton, Ganzton, usw.* gebildet. Dieses Muster bildet eine Skala aus acht Tönen, die sehr gut zu melodisch „geometrischen" Mustern in Solos passt. Es ist eher ungewöhnlich Akkorde und Harmonien von synthetischen Skalen abzuleiten, aber manchmal kommt das im Jazz und in Fusion vor.

Du kannst die ACDFG-Übung mit den folgenden Backing-Tracks üben:

Backing-Track Nr. 19: Vier Takte pro Akkord.

Backing-Track Nr. 20: Zwei Takte pro Akkord.

Backing-Track Nr. 21: Ein Takt pro Akkord.

Die Ganztonleiter (Übermäßig)

Formel 1 2 3 #4 #5 b7

C Whole Tone Shape 1   C Whole Tone Shape 2   C Whole Tone Shape 3   C Whole Tone Shape 4   C Whole Tone Shape 5

C Whole Tone

Die Ganztonleiter ist ebenfalls eine synthetische Skala. Von einer Stufe zur anderen dieser Tonleiter besteht immer ein Abstand von einem Ganzton. Die Ganztonleiter enthält sechs Einzeltöne und wegen ihrer Konstruktion gibt es nur zwei Transpositionen für diese Skala.

Die Töne der C-Ganztonleiter und der D-Ganztonleiter sind identisch (man sieht das sehr gut in der oberen Griffbrettübersicht). Deshalb gibt es nur zwei Transpositionen der Skala: C und C#. Das heißt nicht, dass man die Ganztonleiter nur in einer Tonart spielen kann. Es heißt, dass die Töne in Ganztonleitern von C, D, E, F#, G# und A# identisch sind.

Als symmetrische Skala eignet sich die Ganztonleiter, genau wie die Halbton-Ganztonleiter, für „geometrische" Melodien und man hört viele Sequenzen und Patterns, die mithilfe dieser Struktur erzeugt worden sind.

Du kannst die ACDFG-Übung mit den folgenden Backing-Tracks üben:

Backing-Track Nr. 22: Vier Takte pro Akkord.

Backing-Track Nr. 23: Zwei Takte pro Akkord.

Backing-Track Nr. 24: Ein Takt pro Akkord.

Zusammenfassung und Übe-Tipps

Dieses Buch enthält jede Menge Information und du wirst viele Monate oder sogar Jahre brauchen, um es ganz durchzuarbeiten. Deshalb ist mein wichtigster Ratschlag an dich: Setze Prioritäten beim Üben. Die Übungen und Skalen in diesem Buch, die Priorität für dich haben sollten, sind mit einem Sternchen (*) gekennzeichnet, sodass du sie bevorzugt üben kannst, wenn du deine Gitarre zur Hand nimmst.

Ich würde dir auch sehr dazu raten, dich immer nur auf eine Skala zu konzentrieren. Das Gleiche gilt für die Kapitel 1 bis 4: konzentriere dich jeweils nur auf eins. Aber kombiniere das, was du dort übst, so bald und so intensiv wie möglich mit den Songs oder der Musikrichtung, die du grade übst.

Wenn du zum Beispiel gerade einen Heavy Rocksong übst, liegt es vielleicht nahe, den Äolischen Modus in allen fünf Position zu üben und die wichtigsten Sequenzen in Kapitel 1 durchzuarbeiten, bevor du zu Kapitel 2 weitergehst.

Du kannst die Skalen auch so angehen, dass du dir pro Woche oder pro Monat einen Modus aussuchst und die Positionen im CAGED-System meisterst, bevor du die Melodien in den frühen Kapiteln mit diesem Modus durcharbeitest.

Egal, wie du das Material aufteilst, denk' dran, dass dein Ziel nicht ist, die Pattern schnell rauf und runter spielen zu können. Das Ziel ist es, diese Ideen zu neuen und kreativen Melodien umzuformen und sie in deine Improvisationen einzubauen.

Geschwindigkeit ist ein Ziel, an dem man Fortschritte recht leicht messbar machen kann. Aber wenn du Geschwindigkeit an schwierigen Sequenzen übst, wirst du deine Finger nur darin trainieren, die Muster schnell zu spielen. Ein wichtiger Schritt auf dem Weg vom Pattern zur Melodie ist, dass man die Patterns aufbricht und Platz zwischen den Tönen lässt.

Kombiniere die Patterns, an denen du arbeitest, mit Licks, die du schon kennst. Zwinge dich dazu, etwas Anderes zu spielen. Zunächst wird sich das gezwungen und unnatürlich anfühlen, aber die neuen Melodien werden mit der Zeit ein organischer Teil deines Spiels werden und sich nahtlos in die Musik einfügen, die du schon spielen kannst.

Ich möchte auch noch eine Sache betonen, die nicht ausschließlich mit diesem Buch zu tun hat: Es dreht sich alles um die Gehörbildung. Wenn du Sequenzen, Intervalle, Dreiklänge, Arpeggios und Skalen übst, öffnen das auch deinen Geist und du kannst neue kreative Möglichkeiten hören. Du musst buchstäblich Melodien spielen und verinnerlichen, die du vorher nie gespielt hättest.

Diese neuen Ideen gehen vielleicht nicht sofort in dein natürliches Spiel über, aber wie jedes neue Vokabular, werden sie da sein, in einer Ecke deines kreativen Geistes und darauf warten zum passenden Zeitpunkt herauszukommen.

Achte vor allem darauf, jedes neue Melodiepattern kreativ und improvisatorisch zu üben und darauf Zeit zu verwenden.

Viel Spaß!

Joseph

Appendix A: Tonleiterformen mit drei Tönen pro Saite

Formen in Dur:

C Major Shape 1 · C Major Shape 2 · C Major Shape 3 · C Major Shape 4 · C Major Shape 5

C Major Shape 6 · C Major Shape 7

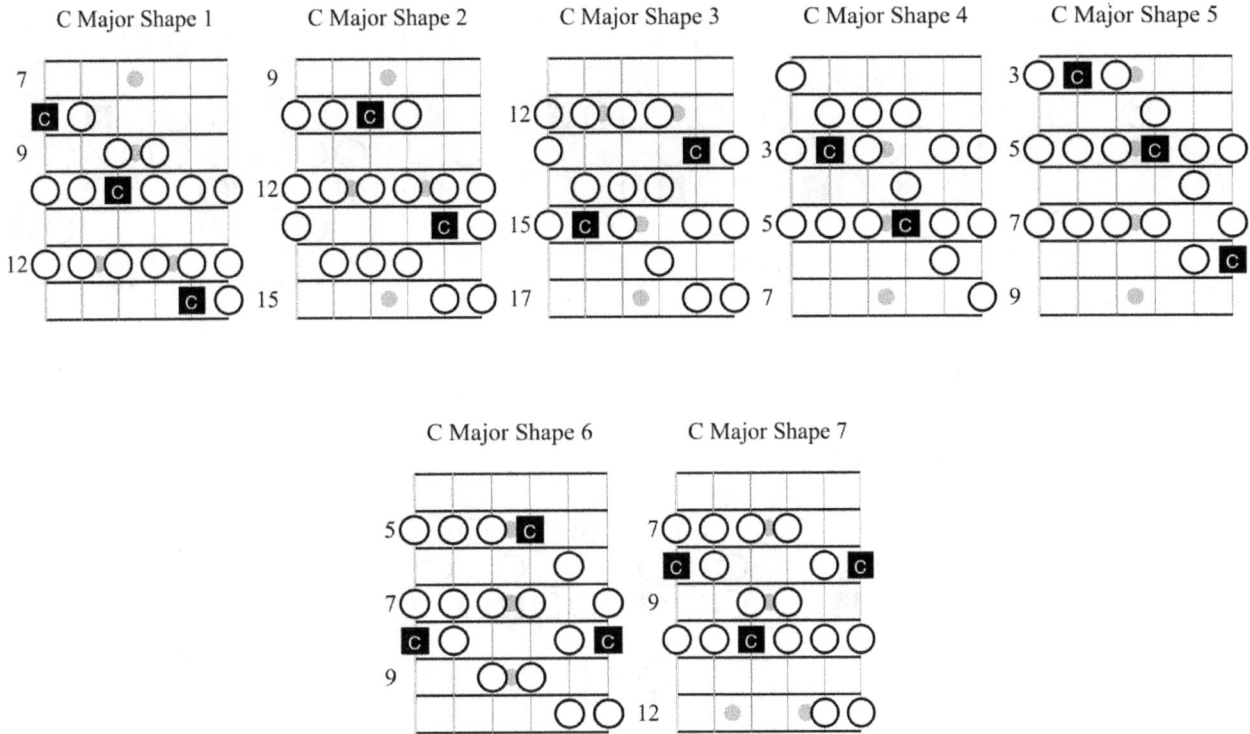

Formen in Melodisch Moll:

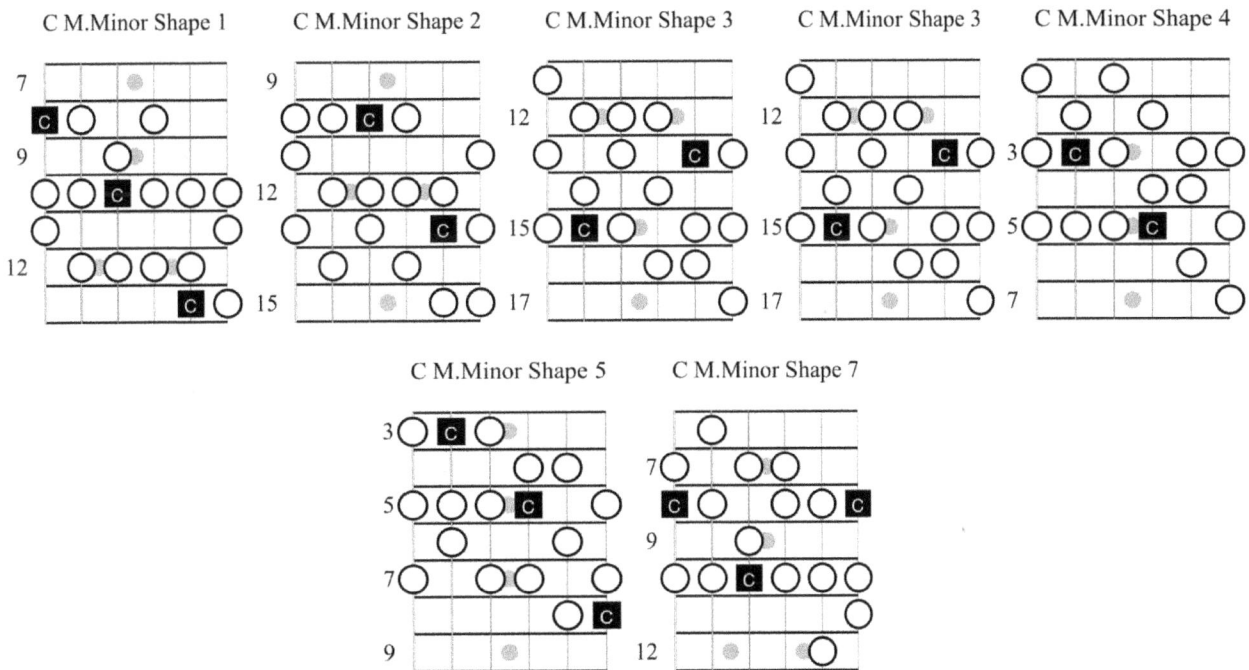

C M.Minor Shape 1 · C M.Minor Shape 2 · C M.Minor Shape 3 · C M.Minor Shape 3 · C M.Minor Shape 4

C M.Minor Shape 5 · C M.Minor Shape 7

Formen in Harmonisch Moll:

C H.Minor Shape 1   C H.Minor Shape 2   C H.Minor Shape 3   C H.Minor Shape 4   C H.Minor Shape 5

C H.Minor Shape 6   C H.Minor Shape 7

114